なごやボランティア物語

なごやのボランティア史編纂委員会　編著

はじめに

―「ものがたり」を「こころがたり」に―

本書を編纂《へんさん》するきっかけは、名古屋市社会福祉協議会で開かれた「ボランティア楽集会」の開催委員会に参加したときでした。

「私の家にこれまで活動してきた50年間のボランティアの資料が全部保管してあるの。それを活用して、名古屋のボランティアの歴史をまとめてほしいのよね」。そう声をかけてきたのが、野村文枝さんでした。

野村さんは、名古屋の地域福祉ボランティアの草分けとして活躍してきた人。ボランティア活動や地域福祉の分野では大きな足跡を残していました。その半世紀余りの活動は、本人がボランティアの有志の協力を得て『野村文枝の本　学習もだいじ　実践もだいじ』という本にまとめ、2007年に自費出版していました。

今回、野村さんは「私の本なんかじゃないのよ。名古屋のボランティアがやってきた活動を、ちゃんと歴史としてまとめておく必要があるの」と言います。私は「ボランティア活動の歴史をまとめるのは、大切なことですね」と大きくうなずいたものの、本心では、それをまとめる人材の確保と必要な費用を考え、躊躇《ちゅうちょ》していました。

阪神・淡路大震災が起きた1995年が「ボランティア元年」と呼ばれ、災害が起きるたびにボランティア活動が注目された平成の時代。多くの人が活動に参加し、ボランティアは一般化してきました。NPOの法制度も整備され、NPO活動も注目されてきました。

そんな中、私自身が歩んできたボランティア活動とは違った動きや考え方も感じられるようになりました。それは、未来に向けた新しい展開というよりは、ボランティア本来の「自立性」や「自発性」がなくなっていく危機感のようなもの。だからこそ、ボランティアの歴史の記録は、次の世代へ伝えるためにも大切であると感じていました。

それでも、本を編集する大変さを考えると、しり込みが続きました。しかし、私が代表理事を務めるNPO法人「ボラみみより情報局」(通称ボラみみ、104㌻)の理事会に議題として挙げると、「野村さんの年齢を考えるとすぐにやらなきゃだめ」と野村さんを知る理事から意見が出ました。

その言葉に背中を押されます。そうなると動きは早い。助成金の申請書を書きながら編纂委員会のメンバーに声をかけ、クラウドファンディング(インターネット上での資金調達)を始めると1カ月で寄付金額は約100万円に。そして2016年10月、野村さんを含む10名の編纂委員会が正式に動き始めます。

月に1回ペースで開かれた編纂委員会では「どんな本にしたいか」というコンセプトが徹底的に話し合われました。「高校生が読める本にしたい」「物語のように読める歴史の本に」「大学のテキストとして使える本にしたい」……。現実はさておき、こうした思いを語っていたときが一番楽しい時間だったかもしれません。

名古屋で活動してきた団体を取り上げるにあたっては、たくさんの団体名が候補として挙がりました。どの活動も大切で、社会の中で果たしてきた役割は大きいもの。この団体を取り上げるなら、これも必要ではないか……と話し合われ、取り上げる団体数は当初の予定を遥かに超えてしまいました。しかし、やはり一冊の本にまとめるにはもっと数を絞り込まなければと、また話し合いに時間がかかり、やっと台割が出来上がったのは最初の会議から2年が経ったころ。その間、残念ながら野村さんが92歳で急逝してしまいました。

それから、残された編纂委員のメンバーたちが急ピッチで取材を進めます。取材して、話を聴いているときは面白い。でもそれぞれ本業が忙しい中、なかなか執筆する時間が取れず、生みの苦しみも。少しずつ原稿が形に。すると、今度は生みの喜びに変わり始めました。

私自身も、おそらく一人で取り組んでいたら、とうに挫折していたかもしれません。編纂委員会がなければ出会えなかった仲間ができ、自分自身の学びにもなりました。そして、これがボランティアの醍醐味《だいごみ》であると感じています。

本書は、野村さんが保管していた50年のボランティア活動資料を基にしていることもあり、戦後から2015年ごろまでの期間をまとめています。分野は高齢者、障害者、子ども、災害を中心に取り上げています。野村さんと同じ時代を生きてきたボランティアの「ものがたり」として、今も活動されている皆さんにとってはボランティア活動の「ふりかえり」の機会としていただけることでしょう。

昨今、名古屋というと真っ先に「ものづくり」の地域だと言われます。しかし、本書をお読みいただければ分かると思いますが、この地域では驚くほど多くの人たちが「こころ」の活動に取り組んでいました。人の「こころ」をいたわり、人と人の「こころ」をつなぐ。簡単ではないことですが、先人が大変な苦労と経験を重ね、全国の先駆けとなったモデルも少なくありません。これからボランティアを始めようとしている人、これからの社会を担う人たちには「ものがたり」以上に「こころがたり」として、本書を捉えていただければ幸いです。

なごやのボランティア史編纂委員代表　織田元樹

「何とかしたい」が社会を変えるまで

ボランティアの意味をインターネットで調べてみると「自発性・主体性」「無償性・無給性」「社会性・連帯性」「先駆性・創造性」といった言葉で説明しているサイトが数多くあります。

でも、これだけではわかりにくいはずです。「配食サービス」というボランティア活動が始まった物語の中で、これらのキーワードの意味を考えてみましょう。

朝、起きてこないおばあさん

ある町に住む主婦の村野さんは、おとなりでひとり暮らしをしている岡田さんというおばあさんが朝、起きてこないことに気づきました。いつもは朝の同じ時間帯に玄関で顔を合わせてあいさつをしているのに、です。

この日、岡田さんの顔を見られなかった村野さんは、気になって岡田さんの家のチャイムを鳴らしました。すると、岡田さんがつらそうな顔で玄関のドアを開けてくれました。聞けば病気で寝込んでいて、やっとの思いで起き上がったそうです。岡田さんは自分で食事の準備もできないようだったので、村野さんは家でおかゆをつくって、岡田さんに食べてもらいました。

このとき、村野さんは誰から頼まれるわけでもなく「自発的に主体性をもって」ごはんをつくってあげました。もちろん、お金をもらおうなどとは考えていないので「無償」です。でも、これだけではボランティアとは言えません。「親切」とか「お互いさま」と言える行為でしょう。

ここからが違います。村野さんは近所を見渡してみました。すると、別の角っこの家にも、水野さんというおばあさんがひとりで住んでいることに気がつきました。また、向かいのアパートの2階には中村さんというおじいさんも同じようにひとり暮らし。やはり病気のときなどは困っているようでした。

近所の人と弁当づくり

村野さんは「何とかしたい」と思い、近所の人と一緒に自宅の台所で弁当づくりを始めました。そして、水野さんや中村さんの家を訪ね、弁当を手渡しながら、きょうも元気にしているかを見守ることにしました。

このとき、村野さんは近所を見渡したことで「社会性」を身につけたのです。近所の人と共に活動を始めたことで「連帯性」も出てきました。それによって、この行動がボランティアと言えるようになってきました。

のちに高齢者のひとり暮らしによる孤立死が社会問題として新聞などで取り上げられるようになるのですが、このころはまだ多くの人が問題に気づいていませんでした。村野さんたちは活動を続けながら、マスコミや行政にこうした社会問題があることを根気よく訴えていきました。それは「先駆性」があったということです。まだ誰も取り組んでいない課題だったため、誰かが解決策を教えてくれるわけではなく、自分たちで考えて活動をつくり上げていかなければなりません。それは自然と「創造性」を持って活動することでした。

自分自身の成長にも

みんながみんな、村野さんのように困っている人に気づき、活動を始めるわけではありません。学校の授業でボランティアを学んだのがきっかけということもあるでしょうし、楽器演奏が趣味で、福祉施設を回ったら喜ばれたということもあるでしょう。この本の中でも、よくわからないまま友達に誘われてボランティアの道に入ったという人が出てきます。

大切なことは、その活動を通して困っている人が身近にいると気づいていくことです。そこで「何とかしたい」という気持ちが芽生えれば、「自発的に主体性」を持つことにつながっていきます。

気持ちを持った活動は、お金が目的にはなりません。社会との関わり、人との関わりが大切になっていきます。そしていつのころからか、困った人々を支えている自分も「人に支えられている」ことに気づき始めます。

活動を通して多くを学んでいくため、ボランティア経験者はよく「結局、自分の成長につながった」と言います。ボランティア活動をする中で、すてきな人に出会い、さまざまな気づきにより人が成長していくことが、ボランティアの醍醐味かもしれません。

（織田）

［前史・創成期・展開期の構成］

戦後から現在までのボランティアの歴史をまとめるにあたって、本書では戦後から1980年までを「前史」、1981年から1994年までを「創成期」、1995年以降を「展開期」という3つの時代に区分しています。

名古屋では、まだ「奉仕活動」「慈善事業」などと呼ばれていた伊勢湾台風の時代から、名古屋市教育館で「社会福祉に関する講座」などが開かれ、受講した主婦によるボランティアグループができ始めたのが前史。

ボランティアという言葉が一般にも知られるようになり、社会福祉協議会にボランティアセンターが設置されたり、さまざまな分野の団体同士が交流や「学び合い」をしたりという時代が創成期。

1995年の阪神・淡路大震災をきっかけに災害ボランティアが注目され、愛知万博などで環境分野にも裾野が広がっていった時代が展開期に相当します。

それぞれの時代の社会背景やトピックスは、章のはじめに「どんな時代？」として解説しています。

前　史

前史（戦後〜1980年）どんな時代？

戦災復興から経済成長へ
移り変わった社会と担い手

戦後の混乱と「慈善」事業

敗戦直後の日本は、貧しい人々や親のいない子どもたちがあふれる混乱期から始まりました。また、戦勝したアメリカを中心とした連合国によって、社会が厳しく統制された時代でもあります。

連合国軍総司令部（GHQ）主導で1946年に公布された日本国憲法には、第９条に武力の放棄と戦力の不保持、第25条に国民は「健康で文化的な最低限度の生活を営む権利」（生存権）が保障されるなどの規定が盛り込まれました。

第89条では公金や公の財産について規定。「公私は分離すべき」というGHQの方針に沿い、宗教団体や「公の支配に属しない慈善、教育もしくは博愛」の事業に公金を支出してはならないと定められました。ここで言う「慈善、教育、博愛」は今の社会福祉やボランティアの意味を含みます。

当時はまだ日本にボランティアという言葉はありませんでしたが、戦災孤児らを支えるには「慈善や博愛」の精神に基づく活動が必要でした。民間の人たちは混乱期の中で「何とかしなければ」と自発的に活動し、目の前の課題に対処していったのです。「自発性」や「先駆性」という、戦後ボランティア活動の芽生えだとも言えます。

しかし、活動を広く、長く続けるには資金や人手がいります。一方で「民間」には国のお金が出ないことになってしまいました。そこで1951年に社会福祉事業法（現：社会福祉法）が制定され、社会福祉事業に関する共通事項が定まると共に、その事業を運営する「社会福祉法人」が「公の支配に属する（政府から強い指導・監督を受ける）」組織として、公的助成の受け皿となりました。これを受けて、民間福祉団体のほとんどが社会福祉法人となる道を選択していきます。

名古屋でも1946年に「愛知県盲人福祉協会（現：社会福祉法人名古屋ライトハウス）」、1949年に「名古屋市身体障害者福祉連合会」、1954年には「名古屋市手をつなぐ親の会（現：社会福祉法人名古屋手をつなぐ育成会）」などの民間福祉団体が相次いで結成されており、その後に社会福祉法人化しています。1947年には共同募金運動が全国に広まり、1948年に赤十字奉仕団が結成。1951年までには都道府県の社会福祉協議会が全国的につくられ、同年に名古屋市社会福祉協議会も設立、ボランティア支援の基盤が形成されていきます。

また、この時期は学生や勤労少年などの若者がボランティア活動の担い手として活躍していました。学生が労働者街などに住み込む「学生セツルメント」、戦災孤児や非行少年を「兄や妹」のように援助するBBS（Big Brother and Sisters）、若者有志が子ども会の運営・指導に関わるVYS（Voluntary Youth Social Worker's）などの多様な活動が展開され、そこからも多くの団体が生まれました。

高度経済成長の光と影、高齢化社会にも突入

1950年代後半から1970年代はじめにかけて、日本経済は世界的にも異例の好景気に恵まれました。1960年代末には、日本の国内総生産がアメリカに次いで第2位となり、貿易額も大幅に伸び、世界でも指折りの工業国となります。電気冷蔵庫やカラーテレビ、乗用車の普及もこの時期です。1964年は東京オリンピック開催に合わせて国土開発が進み、東海道新幹線が開通。高速道路や地下鉄が発達し、高層ビルが続々と建設されるなど、戦後30年で日本はめまぐるしい変化を遂げていきました。

一方で、急速な経済成長は自然環境を破壊し、水俣病や四日市ぜんそくなどの公害問題を生み出しました。これに反対する告発や住民運動とともに、学生による安保闘争が展開された時期でもあります。

1957年には国立岡山療養所で結核を患い加療中だった朝日茂氏が、当時の生活保護費では「健康で文化的な最低限度の生活」を維持できないと国を訴えました。「朝日訴訟」や「人間裁判」とも呼ばれ、憲法25条の生存権や生活保護のあり方が問われました。

その後も、養護学校の義務化を求める運動や障害者の地域作業所づくり、子育て中の親による共同保育所づくりなど、人間としての権利保障を求める運動がボランティア活動とも連動して数多く展開されていきます。

高齢化社会もすでに始まっていました。1970年の国勢調査で高齢化率が初めて7%を突破。国も高齢者政策に力を入れていきます。70年代初頭は福祉予算が大幅に増額。福祉施設の整備も進み、1973年には老人医療の無料化（1981年まで）に踏み切っています。

同年に名古屋では本山政雄市長が当選。いわゆる「革新系」の本山市政は福祉、保健衛生、医療に関する政策を積極的に推し進め、名古屋の福祉政策の基盤をつくりました。

経済成長にブレーキ、福祉政策は見直しへ

1973年は原油価格が高騰する「石油ショック」もあり、これをきっかけに右肩上がりの経済成長にブレーキがかかった年でもありました。国の税収減で、福祉政策も抑制や削減の対象とされます。

また、大都市への人口一極集中と、それに対する地方や農村部の過疎化が経済成長のもう一つの弊害でした。地域や家族のきずなが弱まっていくことが社会問題となり、コミュニティーの再生が課題となります。福祉政策の見直しの流れとも合わさり、コミュニティーづくりの担い手としてボランティアが重要視されるようになりました。

後のコラムで触れる「奉仕銀行」も、70年代後半からはボランティアセンターとして機能するようになり、厚生省の国庫補助を受けています。1977年には文部省による「学童・生徒のボランティア活動普及事業」も始まり、学校での福祉教育が広がるなど、国も積極的にボランティア政策を打ち出すことになるのです。

（柴田）

参考文献

『福祉ボランティア論』三本松政之・朝倉美江編（有斐閣アルマ、2007年）
『基礎から学ぶボランティアの理論と実際』大阪ボランティア協会監修・巡静一・早瀬昇編著（中央法規、1997年）

1945年	第二次世界大戦終戦
1946年	日本国憲法公布
1951年	社会福祉事業法（現：社会福祉法）施行
1957年	朝日訴訟
1961年	国民皆保険・皆年金制度創設
1962年	徳島県社会福祉協議会「善意銀行」開設
1964年	東海道新幹線開通、東京オリンピック開催
1970年	高齢化率７％を突破、日本万国博覧会（大阪万博）開催
1973年	老人医療の無料化、石油ショック（第１次石油危機）
1977年	文部省「学童・生徒のボランティア活動普及事業」（国庫補助）開始

●———災害とボランティア

名古屋の「ボランティア元年」！伊勢湾台風の経験を今に伝える

名古屋キリスト教社会館　谷川　修さん

被災地で喜ばれた「託児」活動

伊勢湾台風からの歴史を語る名古屋キリスト教社会館の谷川修さん

阪神・淡路大震災が起きた1995年は、全国から多数のボランティアが駆けつけたことから「ボランティア元年」と称されました。しかし、名古屋ではその先駆けとも言える動きが阪神・淡路から36年前にありました。1959年9月26日の伊勢湾台風による被害と、その後の救援活動です。

死者・行方不明者数は全国で5,098名、その8割が愛知県と三重県に集中。伊勢湾に面した名古屋市南区では1,400名以上が犠牲になりました。台風による高潮で貯木場から大量の流木があふれ、人口の密集地を襲ったからです。

まちに入り込んだ水はなかなかひかず、浸水地域が完全になくなるまでには３カ月の期間を要しました。多くの人が長い避難生活に苦しむ中で当時、民間の救援活動の中心となったのは宗教団体の人々。中でもキリスト教の人たちは会派や団体を超えて「伊勢湾台風基督《キリスト》教救援本部」を立ち上げ、台風上陸2日後の9月28日から翌年の2月3日まで活動を繰り広げました。その活動の母体として結成されたのが「名古屋キリスト教社会館」。その原点は救援時の「託児」活動にあったと現在の常務理事、谷川修さんは説明します。

「救援活動をする際に喜ばれたのが、臨時に開設したミルクステーションや託児所の活動だったと聞いています。救援が一段落した後も、それを継続してもらいたいという思いが地域に残ったのです」

臨時託児所は小学校やグラウンドなどの場所を変えながら続けられ、毎日120名前後の乳幼児を終日、預かっていました。そして地域の要望を受け、継続的な復興支援の拠点をつくるために国内外から寄付を募り、台風上陸から丸1年後の1960年9月26日に社会館の活動がスタートしました。

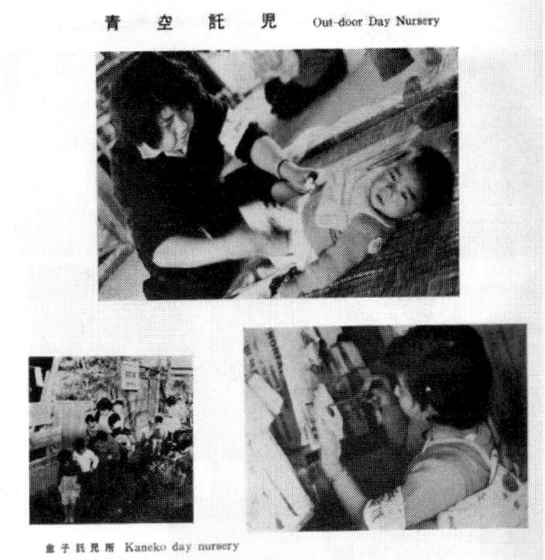

当時の「青空託児」の様子

「プラスアルファ」考えて実践

社会館は1961年に社会福祉法人となり、保育園事業も正式に認可されました。受け入れる乳幼児の定員も増やし、卒園した子どもの放課後教育への要望に応えるため、1966年には学童保育（ちどり児童会）も開きます。

「救援時の託児活動の際には、すでに小学生も受け入れていたようです。その流れもあって、社会館を開設してからもずっと、近所の子どもを集めてはレクリエーション活動をしていました」。この活動には学生ボランティアも数多く参加するようになります。谷川さんもその一人でした。

そもそも、谷川さんが福祉や社会活動の分野に関心を持ったのは大学受験の浪人生のときでした。

「高校は進学校に入って、偏差値の高い大学だけを目指して浪人もしていましたが、あるとき『これ、おかしいぞ』と思ったのです。将来、自分は大学で何を勉強して、何になりたいのか悩むようになって。そんなとき、自分の中で出した答えが『人のためになることを仕事にしよう』。そのために必要な勉強は何かと考え、社会福祉の分野を目指すようになりました」

谷川さんは愛知県内の大学に入学し、社会福祉を専攻します。社会館の活動を知ったのも、大学生のときです。恩師の紹介で学童保育のボランティア指導員として関わったのがきっかけでした。その後、谷川さんは社会館に正式な職員として採用されます。

社会館は支援の対象を子どもだけでなく、高齢者や障害を持つ人たちにも広げていきました。保育事業は０歳児から、高齢者福祉事業は100歳を迎えるようなお年寄りも対象に。そして発達上の課題をもつ子どもたちが通う療育センターや児童発達支援センター、重度障害者の地域生活を支援する施設を開設。対象エリアは南区をはじめ市内６区、６拠点に増やしていきます。

その背景には、伊勢湾台風で被災したのが子どももお年寄りも、障害者も「みんな同じ」という経験があります。法律や制度は別々ですが、困った人たちはみんな「ここ」で受け入れる。そうした発想から、規模や事業が自然に拡大していったのです。一時期は施設を分けるべきだという声が内部から上がり、混乱期があったようですが、人が入れ替わりながら一つにまとまり続けてきました。

歴代の館長は地域でいろいろな役員を担ったり、地域の老人クラブの組織化に関わったりして、地域のニーズに目を向け、応えようとしました。地域の子どもたちに対する聞き取り調査などもしています。

保育園の場合、主となる事業は「子どもの保育」です。しかし、社会館では保育だけではなく、親の子育て相談や情報提供の専用室、夜間・宿泊・休日保育への対応、親子が交流できる場を積極的につくるなどの独自事業を展開してきました。既存の福祉サービスや制度としての社会福祉事業では満たせない、足りないもの。それは何なのかを考え、既存の事業に「プラスアルファ」をして活動を続けているのです。それは、ボランティア活動の根幹である「先駆性」や「自主性」から継承されている視点だと言えるでしょう。

大人も若者も関わり合える場に

谷川さん自身、阪神・淡路大震災ではボランティアとして神戸の障害者を個別訪問するなどして支援。2011年の東日本大震災では、名古屋からのボランティアバスに参加したり、広域避難者の交流会を支援したりしています。

社会館の混乱期には、退職を考えたこともあるそうです。そのときは「誰かがやらないといけない」という使命感で続けられました。今は、「福祉が面白い、楽しい。この地域が好きで、子どもが好き。何より、人が好き」という思いが原動力だと言います。

「自分を受け入れてくれている」という居心地のよさは、人と関わり合ってこそ。年齢に関係なく、多様な人々との関わりや接点を持てるボランティア活動は、そうした居心地のよさを得られるチャンスでもあります。

社会館自体も、各施設でボランティアの協力を受け入れています。ただし、「ボランティアの活動拠点という意味では、まだまだ不十分。もっとボランティアが気軽に出入りして、独自に活動できるような拠点のスペースがあってもいい」と谷川さん。施設や事業の運営に比重が強くなるほど、ボランティアとの結びつきが弱くなってしまうのが課題のようです。

「私たち大人も、もっと若いボランティアの中に入り込んでいかなければね」。年齢や立場に関係なく、みんな同じ。谷川さんの発想には、やはり伊勢湾台風以来の伝統が脈づいていました。

（柴田）

参考文献
『社会館の福祉(18)』名古屋キリスト教社会館福祉研究所編（みずほ出版、2015年）
「災害教訓の継承に関する専門調査会報告書　1959伊勢湾台風」内閣府ウェブサイト

●――――障害児療育とボランティア

施設に「外の風」を入れ 子どもと社会に幸せを

あさみどりの会　島﨑春樹さん

名古屋のボランティア活動の先駆けとして知られる島﨑春樹さん

終戦後の子どもたち支える

島﨑春樹さんは11歳のとき、岐阜県郡上郡（現：郡上市）で終戦を迎えました。長く続いた戦争と敗戦で、大人たちの心が疲れ果てていた時代です。しかし、日本が徐々に戦後復興に向かう中で、島﨑さんは実家の農業を手伝いながら「青年団」に入り、子どもや若者のための活動にのめり込んでいきました。

当時の児童養護施設には戦争で親を失った子どもたちも多く、島﨑さんは岐阜県にあった施設の指導員になることにしました。そこで初めて「福祉」や「ボランティア」という言葉に触れます。当時の福祉施設はどちらかというと閉鎖的でしたが、島﨑さんは「外の風を入れたい」と積極的にボランティアを受け入れました。

その後、名古屋に移住して出会ったのが、1957年ごろからボランティアグループ「あさみどりの会」をつくり、活動していた伊藤方文《みちふみ》さんでした。

伊藤さんはシベリア抑留*から無事に帰国できた感謝の気持ちを社会に返したい、敗戦で子どもたちの心まですさんでほしくないと、仲間と共に子どもの精神衛生を考える活動を始めました。その中で、滋賀県の知的障害児施設「近江《おうみ》学園」の園長だった糸賀一雄《いとがかずお》さんの「この子らを世の光に」という言葉に出合いました。それは例えば「障害のある子たちが幸せな世界は、誰にとっても幸せな世界」だという考え方です。島﨑さんも伊藤さんを通じてこの考えに共感し、あさみどりの会の活動に関わり始めました。「心身に障害のある人との かかわりを通して ボランティアの心を育み すべての人々が 共に良い人生を送れる社会づくりをおこなう」という会の基本理念を実現していくために……。

いち早くボランティア講座

島﨑さんがすでに実践していたように、「施設は閉鎖的であってはならない」という考えも伊藤さんと共有しました。あさみどりの会としても積極的にボランティアを受け入れ、たくさんの研修や集会を開きました。

1966年から「心身障害問題を考える集い」をはじめ、各地の施設などを見学する「障害児問題研修旅行」や「婦人のためのボランティア講座」を開催。近年は独自のボランティア集会やボランティアフェスティバルも開いています。

1968年に始まった「心身障害児のためのボランティア療育援助研修会」(後に「ボランティアスクール」に名称変更)は、「名古屋市内で最も早く開かれたボランティア講座でしょう」と島﨑さんは言います。

その目的は、会で活動するボランティアの養成だけではありません。「ここでボランティアの一つの素地をつくった人たちが全国に散り、それぞれの地域でまた活動してくれればいい」「交流しながら、ネットワークを通して、とにかくボランティア活動を広げよう、ボランティアを運動として広げよう」という考えで長年続けられています。

初期のボランティアスクールの様子

スクールは一方的な講義形式ではなく、参加者の中から10名ほどの企画委員を選び、すべての企画運営に当たります。今までの受講者4,000名以上のうち、3分の1程度が企画委員も経験しています。

「もちろん苦労も多いので

すが、特に学生などの若い世代にとっては、この経験が自分自身の人格を向上させ、人間関係を豊かにし、その後の実践や社会生活に役立っています」と言う島﨑さんは、全国各地に出かけるたびに「ボランティアスクールでお世話になりました」と声をかけられるそうです。名古屋で育ったボランティアは、わたぼうしのように全国各地に飛び、次々と新しい花を開かせているようです。

ボランティアは社会とのつなぎ手

1972年に社会福祉法人となったあさみどりの会は、千種区に知的障害児母子通園施設「さわらび園」を開設。島﨑さんは1975年から1981年まで園長を務めました。その後、2カ所の障害者施設の施設長になり、法人の理事長としても20年間、経営に携わりました。国際障害者年だった1981年には年間約80回の講演を引き受け、全国各地で施設や福祉について語りました。自分の施設のことだけではなく、「社会をよくすることこそが大事」「『広げる』『広める』ことは大事なボランティア活動」だと思い、講演活動に力を入れたのでした。

現在は顧問として、市内外に4つの拠点事業所を運営する会を見守る島﨑さん。職員に対しては「自分第一主義ではなく『あさみどりの心』として掲げる『援《たす》け合う心・ボランティアの心』を持ってほしい」と願っています。

家族や職員と利用者はどうしても「上下関係」になってしまいがち。しかし、ボランティアはそうではありません。ボランティアが友達として関わる、あるいは一般社会の人として施設に足を運ぶと、利用者の心が動き、職員に見せる顔と違う表情をすることがあります。

島﨑さんいわく「ボランティアさんが来ると、社会がやって来る」。

ボランティアは家族や職員とは異なり、ただ本人の隣にいるだけ、寄り添うだけでありがたい存在であり、社会とのつなぎ役でもあるのです。

50年以上もボランティアと関わってきた島﨑さんは、ボランティアを取り巻く状況の変化を感じています。一つは学生ボランティアが減ってきたこと。もう一つは規制やルールが細かくなりすぎて、やれることが限られてしまいがちなこと。ボランティア本来のあり方として「もっと自由に活動することが必要」だと指摘します。

また、人間関係が薄くなりつつある現代は、人と人とが直接触れ合う機会がより大切。特にボランティアには、人との関わりを通して「みんなと一緒によい人生を送る」。それこそが「本当の福祉だ」と島崎さんは呼びかけるのです。

(陸川)

＊第二次世界大戦の終戦後、ソビエト連邦（現在のロシア）が日本軍捕虜をシベリアに送って強制労働などをさせていたこと。

参考文献

「援け合うこころを育んで―会の発足から59年間にわたる活動の足跡―」社会福祉法人あさみどりの会（2015年）
「夢あさみどり～療育援助の半世紀～」社会福祉法人あさみどりの会（2012年）

●———障害者の生活とボランティア

「一緒に学ぼう！　まちに出よう！」が社会をよくする

AJU自立の家　山田昭義さん

ボランティアは社会を変える「主役」になるべきだと話す山田昭義さん

「おもしろくない」と思った勉強会に熱中

名古屋に車いすで利用できるトイレがどこにもなかった1970年代、車いすの仲間たちとまちに出たい、障害がある人たちが住みやすい社会をつくりたいという願いで「愛知県重度障害者の生活をよくする会」が結成されました。その中心となったのが、山田昭義さんです。

会の活動を支えたのは「愛の実行運動（AJU）」というカトリック系の団体でした。AJUは「人はみな兄弟」という教会の理念のもと、障害があろうがなかろうが、みんな一つの市民運動として取り組んでいこうという考えで活動していました。

1973年7月、みんなでキャンプの計画を立てたとき、山田さんの「相棒」の中村力《りき》さんが「遊ぶだけじゃなくて、勉強もした方がいい」と言い出しました。そこで、いい講師がいないかと探したところ、日本福祉大学の教員だった児島美都子さんを紹介され、キャンプに来てもらえました。そのとき、会の名前をつける必要があり、やりたいことをそのままに「重度障害者の生活をよくする会」と名づけました。

児島さんは障害者福祉の研究をしていて、北欧では当事者が運動したことで社会が変わってきたという話をしてくれました。「だから、あなたたちも勉強して、運動しなさい」と。

それを聞いた山田さんは「市民運動をする認識は持っていたけれど、勉強するという認識はなかった。移動の手段もなかった。当時、唯一あるのはタクシーで、タクシーも車いすを積むと言うと、引きずり降ろされたこともある。そんな時代だったから」と振り返ります。

後日、山田さんは児島さんに「最初は人が集まるかもしれないけれど、障害者は移動手段がないので、だんだん欠けていってしまう」と正直に言いました。すると児島さんは「一人でもいいじゃないですか。私が学習ボランティアをします」と言って、その年の11月から勉強会を始めてくれました。

福祉の勉強は「おもしろくない」と思っていた山田さんですが、児島さんとの勉強は「すぐ身になった」と言います。例えば、特別児童手当をもらえるかという障害児の親からの質問に、その場で先生が答えたり、車いすを借りる手続きを説明してくれたり。「制度は活用するものだ」ということを参加者が学んでいきました。勉強会に参加する人は、どんどん増えていきました。

同時に、会の仲間で積極的にまちに出かけていきました。東山動植物園に自分たちで簡易トイレを用意して出かけたり、新幹線での京都旅行に挑戦したりもしました。各地で出会った人たちに、自分たちは共にまちで暮らし、エレベーターや車いすトイレが必要だと知ってもらえるよう運動を続けました。また、スーパーや百貨店などに対して、スロープや車いすトイレをつくってくださいと要望書も送りました。

そうした運動が実り、駅にはエレベーターが付き、車いすトイレも増えていきました。障害者もボランティアも、みんなが一つになって運動を進めてきたことで、まちが変わっていきました。「スロープやエレベーターができると、僕たちだけでなく、子育て中の人や乳母車の人、ちょっと体調が悪い人たちなど、みんなにとっていい。それが僕たちの誇り」と山田さんは胸を張ります。

自立促すホーム、制度化の功罪

山田さんたちは1990年、社会福祉法人「AJU自立の家」を設立し、昭和区の本部に福祉ホームもつくりました。親交のあった三笠宮寛仁さまから「福祉ホームは障害者の下宿。大学生が下宿から卒業して地域に出て活動するように、人間関係のつくり方や金銭感覚、時間管理などさまざまな経験をして卒業すればいい」という助言があったからだそうです。さらに、みんなで話し合っていくうちに、下宿に入るトレーニングをする場所（デイケアセンター）と仕事場もつくることになりました。

1990年ごろに開かれた「重度障害者の生活をよくする会」の月例会。左端が山田さん

ホームで生活することになった障害者は約20名。それに対して職員は当初、厨房《ちゅうぼう》スタッフを入れても4名でした。それだけで20名を24時間365日支えることはできません。実際の生活を支えたのは数多くのボランティアでした。

当時、入居者も職員と一緒にチラシをつくり、大学や祭りに出かけて配るなどして、ボランティアを見つけてきました。「あなたがこの人たちを支えることで、やがて障害者が地域で暮らせるようになる。そうした制度をつくる我々の願いを支えてほしい」と、職員も必死になってボランティアを探してきたそうです。そうして年間1万人以上のボランティアが関わり、開所から約30年で150名ほどがホームを「卒業」。施設でしか生活できないと考えられていた人たちが社会的に自立していったのです。

かつて、障害者が利用するサービスや施設は行政が決める「措置《そち》制度」が主流でしたが、2003年から障害者の自己決定に基づいてサービスが利用できる「支援費制度」ができ、一気に広がりました。障害者からすれば自分たちの権利として勝ち取った制度。しかし、ボランティアからすると、制度化されたことで逆に役割が少なくなりました。

ボランティアが「運動」から「仕事」になり、「1時間やってなんぼ」という感覚で活動を見る人もいます。山田さんは「福祉なのだから、その人が人生をつくる手伝いをした結果が○○円というならわかるが、お金だけのことではない。あまりきれいな言葉ではないけれど『ふろ、くそ、めし、ねる』だけだと介護。福祉はそれを保障した上で、その人の人生をどうつくるかが問われないといけない」と危機感を募らせます。

求めるのは社会を変える「主役」

山田さんが大切にしている「ヴォランティア[*]の三原則」があります。

1つめは「本質的に自由であり、自主的である」こと。2つめは「法規に先行し、経済に先行し、勇気をもって社会変革の主導的立場に立つ」こと。3つめは「法規に支配されるのでなく、自分がこれを正しく誘導する」、そして「社会の不合理や不正に自発的に挑んでいくことを厭《いと》わない」ことです。

2つめの言葉が意味するのは、ボランティアが社会を変えていく「主役」になること。これは「福祉活動そのものだ」と山田さんは言います。

制度や仕組みができて、社会が整ってきたことは事実です。しかし、それだけでは解決できないことがあります。「それは社会の不合理に挑んでいくってことでしょ。それがなければボランティア活動じゃない、単なる自分の趣味。あなたたちはやめることができるでしょ。でも、我々は障害から逃げられない。だから、戦わないといけない」

障害者だけの問題ではありません。自分の生活に問題が出てきたら、同じ問題を他の人が抱えているかもしれない。自分の問題を解決することは、他の多くの人たちの問題を解決することにつながるかもしれない――。そう考えて、動き出す。山田さんが求めているのは、そうした社会の「主役」たちなのです。

（佐原）

＊ AJU自立の家ではボランティアを「ヴォランティア」と表記。

日本初の共同作業所とボランティア

障害者の働く場、名古屋で実現

高度経済成長期の真っただ中だった1960年代は、若い労働者不足が深刻な時期でもありました。「出稼ぎ」や「一極集中」という言葉もあるように、人は農村部から都市部に流出しましたが、それでも企業は働き手の確保に必死でした。そこで、当時は国策として高齢者や女性、障害者も労働力とみなし、就労が促されました。

そうした中でも、重度障害者や職場に適応できない障害者は、労働市場から排除されてしまいました。当時、「特殊学級」と呼ばれていた障害児学級を卒業しても就職できなかったり、障害児学級にも受け入れてもらえなかったりする重度障害者の存在は少なくありませんでした。

これに対して声を上げたのが、名古屋市南区の知的障害児の家族による「手をつなぐ親の会」の会員と知的障害児学級の教師や大学の教員たち。「働く場所がないのであれば、自分たちで働く場をつくりたい」などと訴えて、まずはスポンサー探し。地元企業の協力を取りつけ、作業場を50坪ほど借りて、輸出用のドラムを組み立てる下請け作業から始めたそうです。しかし、軌道に乗り始めたころにその企業が倒産してしまいました。

あらためて障害者の家族や指導員などが協力し合い、愛知中小企業同友会などからも支援を得て、１口５万円の出資やカンパを集めて1969年に「ゆたか共同作業所（現：社会福祉法人ゆたか福祉会)」が生まれました。それが日本初の共同作業所だったのです。

「日曜学校」は学生たちが力発揮

「共同」の意味は「多くの人の理解と協力の下に、この子たちの遠い将来にわたって希望に充ちた職場にしなければならないはずで、そのためには作業所は独立したもので、この子たちのための『共同』作業所であるべき」だと、創設に関わった秦安雄さんは述べています。

1970年には「ゆたか日曜学校」が開設されました。ゆたか共同作業所で働く仲間たちのため、スポーツやレクリエーション、漢字やひらがなの学習、料理教室などさまざまな余暇活動をするプログラム。月１回、定期的に開かれ、学生ボランティアも参加して企画に関わりました。障害児学級を卒業した障害者の相談所としての役割も果たしていたそうです。現在、ゆたか福祉会の理事である向幸子さんも、当時は学生ボランティアとしてゆたか日曜学校に関わった一人でした。

「当時は学生たちが企画を頑張って立てていました。障害者の要望を聞き、学生同士で話し合っての実践を繰り返していくうちに、学生を仲間として受け入れてくれました。それがうれしかったですね」と向さんは振り返ります。

ゆたか共同作業所の運動は、ゼロから仕事をつくり出したクリエイティブな実践だったと言えます。日曜学校の取り組みも、障害者の思いや願いをボランティアの力を発揮して実現する、非常に創造性の豊かな活動だったのではないでしょうか。ボランタリーな発想やボランティア活動は、何かを生み出せる可能性がある。そんなことを、ゆたかの取り組みから感じられるのです。（柴田）

引用・参考文献
『ゆたか作業所－障害者に働く場を』清水寛、秦安雄編（ミネルヴァ書房、1975年）／『愛知の障害者運動—実践者たちが語る』障害学研究会中部部会編（現代書館、2015年）

●———聴覚障害とボランティア

難聴者に寄り添って
日本初のサークルや字幕映画

要約筆記等研究連絡会まごのて　下出隆史さん

「とにかく聞こえたことを書いて」

「聞こえの障害」や「難聴」とも呼ばれる聴覚障害。その障害の程度は、普通の会話が聞き取りにくい「軽度」から大声でも聞き取れない「重度」までの幅があり、聞こえなくなった年齢によっても必要なコミュニケーションや支援が違います。

日本初の要約筆記サークル「まごのて」を立ち上げた下出隆史さん

代表的なコミュニケーション方法は「手話」ですが、話の内容を書いて文字で伝える「要約筆記」もOHP（オーバーヘッドプロジェクター）と呼ばれる機械の発達と共に広がり始めました。名古屋では1978年11月に「第1回全国難聴者研究大会」が栄で開かれることになり、難聴者に言葉を伝えるために、要約筆記のできる人が必要とされました。そのとき、難聴者だった高校時代の友人に声をかけられて、要約筆記に出合ったのが下出隆史さんです。

「会合に行ったら、とにかくOHPの前に座って書いてくれ、聞こえたことを書けばいいんだからみたいな感じで始まったんです」と下出さんは当時を思い出して苦笑いします。

大会には他にも日本福祉大学や市内の手話サークルのメンバーが参加して、一緒に何度も練習を重ねて当日の役目を果たしました。そのメンバーたちが「大会後もバラバラになるのはもったいない」と翌月あらためて名古屋に集合、「要約筆記等研究連絡会まごのて」として活動することに。それが日本で初めての要約筆記サークルだったのです。初代代表には下出さんが就任しました。

日本映画で初の字幕上映

初の字幕付き日本映画上映会のチラシ

はじめは下出さんたちが聴覚障害者の団体から頼まれて、さまざまな会合などに「要約筆記者」として出かけていきました。当時は難聴者の運動が盛り上がり始めたころで、毎週のように会合が開かれていたのです。そうした場に要約筆記者を送り込むことを「派遣」事業と呼びました。

やがて行政が要約筆記者の養成を始めることになり、下出さんたちは講師を引き受けました。そのテキストとして要約筆記の技術から「難聴者は生活の中でどんなことに困っているか」「要約筆記をするとどれくらい疲れるか」などまで盛り込んだ『要約筆記入門』をつくったところ大好評。「全国に飛ぶように売れて」、その後の活動を支える貴重な資金源となったそうです。

しかし、養成に続いて派遣事業も行政が制度化する流れができ、名古屋市は全国より1年早い1984年から派遣制度を取り入れることになりました。下出さんたちはそれを機に「いつまでもサークルでやっていてはいけない」と、派遣事業は市に任せて、まごのてとしては続けないことに決めました。

ちょうどそのころ、難聴者から「評判のいい映画を観たい」「日本映画は字幕がないからつまらない」という声が上がっていました。下出さんたちは試しにOHPを使って字幕を付けてみますが、タイミングや文字の量の加減がなかなか難しい。障害者団体が主催する映画祭などで実験を重ね、市内の映画館「シネマスコーレ」に相談すると、「やってごらん」とOKが。『東京流れ者』と『独立愚《ぐ》連《れん》隊』という2本の映画に字幕を付けた上映が実現しました。これが字幕付き日本映画の活動の始まりとなったのです。まごのては参加者からアンケートを取って、その後も経験を重ね、他の映画館での上映や新作映画の字幕づくりにも取り組みました。

「『幸福《しあわせ》の黄色いハンカチ』の上映が終わったときは、会場から拍手がわき上がりました。あんな経験は、普通の映画会ではできない」と目を細める下出さん。『ハチ公物語』の上映中は、ある親子の会話が聞こえました。「お母さん、この映画、字幕が付いてるよ！」という子どもに、「ハチ公って、アメリカの犬だったのかい？」と応える母親。笑い話のような会話ですが、下出さんは「一般の映画館でやれば、耳が聞こえない人にはこういう配慮が必要なんだと分かる。とても意味のあることなんだ」と感じたそうです。

その後も、まごのては新しい技術やソフトの開発を続け、パソコン字幕の導入や字幕入りビデオテープの貸し出しなどを通じて、全国の字幕付き上映会の普及に力を注ぎました。

「もっと伝わる」ために改善続ける

スタジオジブリ製作の『もののけ姫』の字幕付き上映会は全国紙で紹介され、東京や大阪、広島からも名古屋まで観に来る人がいました。これをきっかけに、難聴児を持つ親の会の人々が子どものために字幕を付ける運動を始め、スタジオジブリがすべての映画に字幕を付けるようになり、他の映画会社にも広がっていきました。

下出さんたちは続いて、名古屋市科学館のプラネタリウムの字幕づくりを始めました。プラネタリウムは学芸員がその場で解説をするので、さらに工夫が必要でした。しかし、学芸員も「聞こえない人に伝えるには何をすればいいか」を一緒に考え、年に2回ほどの上映を続けて内容を改善していきました。プラネタリウムの字幕づくりは40回以上続き、最近では「音声認識」技術の向上によって、ほぼリアルタイムで字幕を入れられるようになりました。しかし、例えば「金星」は、相撲では「キンボシ」でも、プラネタリウムでは「キンセイ」。音声認識ではまだこうした「ふりがな」までは付けられません。情報を求めている人に正しく伝えるためには、これからも研究や改善が欠かせないのです。

まごのては「誰もやっていないならやってみよう」「本当に必要かどうかはわからないけれど、やってみよう」「やってダメならやめればいい」という新しいもの好きで前向きなメンバーばかり。

「最初は、要約筆記はこういうものだ、手話はこういうものだ、と勉強するところからスタートするけれど、次第にこうしたらもっと伝わるんじゃないか、もっときちんと伝わるんじゃないかと自分で気づいて、行動することになる。すでにあるものを学ぶだけでなく、自分たちが新しくしていくんだという気持ちで関わってもらったほうがいい」。それが新しい世代への、下出さんのメッセージです。

（陸川）

「善意銀行」「奉仕銀行」とボランティア

「善意」を預けて福祉を推進

「善意銀行」と聞いて何を思い浮かべるでしょうか。善意は「他人のためになるようにと思う心」。それを銀行に預けて出し入れするようなことができるのでしょうか？

実際に日本でつくられた善意銀行は、「善意を持っている人が気軽に行ける窓口」でした。徳島県の社会福祉協議会職員だった木谷宣弘さん（のちの全国社会福祉協議会・全国ボランティア活動振興センター所長）が構想を練り、1962年に同県の小松島市社会福祉協議会内に開設。翌年には全国511カ所に広がり、ピーク時の1974年には1,250カ所を超えました。

窓口に来る人は社会福祉に役立ててほしいと願って、お金はもちろん物品や「ボランティア活動」などを預けます。実際には寄付や活動の無償提供をするのですが、これを「善意の預託」と言いました。

善意を預かった「銀行」は、社会福祉施設や支援を必要とする人たちのためにそれを活用して、社会福祉の向上に努めるという仕組みです。

運営主体は社会福祉協議会がほとんどでしたが、それ以外にも全国19カ所で運営されました。1963年に名古屋市内で設立された「中部善意銀行」もその一つでした。

中部善意銀行は社団法人として事業を始め、1999年には社会福祉法人になり、チャリティーバザーなどにも積極的に取り組んでいます。愛知県議会と名古屋市議会の全議員が入会しているのは特筆すべきことです。愛知県内では他にも7つの善意銀行ができました。

一方、同じような「奉仕銀行」という仕組みができ、国（厚生省）が1973年に「奉仕銀行活動費」の補助制度をスタート。これを受けて全国65の都道府県と指定都市に「奉仕銀行」が設立されました。愛知県や名古屋市の社会福祉協議会にも奉仕銀行ができました。

奉仕銀行は「善意の預託」をはじめ「奉仕したい」人たちと受け入れ側との連絡調整など、今で言う「ボランティアコーディネート」や「マッチング」の役割も担いました。1978年には名古屋市で各区の社会福祉事務所にボランティア活動の窓口が開設され、奉仕銀行の機能が全市的に広められました。

ボランティアセンターの前身に

1980年には、名古屋市奉仕銀行が市役所内から千種区の「経費老人ホーム清風荘」内に移り、名称も「ボランティアビューロー」となり、のちのボランティアセンターにつながりました。

そもそも「奉仕」は「滅私奉公」「勤労奉仕」のように「自分を捨てて、国家や組織のために仕える」意味が強い言葉です。それに対して、善意の表れであるボランティアは個人の意思を尊重する自由な活動と言えます。ボランティアの言葉が一般化していくと共に、奉仕銀行がボランティアセンターに変わるのは自然な流れだったと言えます。

一方、団体としては「善意」銀行が先行していたにもかかわらず、国が「奉仕」銀行の制度をつくってしまった意図はよくわかりません。善意銀行は今でも残っていますが、「銀行」の名のイメージから、金品の預託が中心となっていきました。

（中村）

引用・参考文献
「ボランティア情報　No.457」全国社会福祉協議会（2015年6月）／「50年のあゆみ」中部善意銀行（2012年）／愛知の福祉　県社会福祉協議会35年史」愛知県社会福祉協議会(1987年)／「愛知の福祉　県社会福祉協議会50年史」同(2001年)／「あゆみ」名古屋市社会福祉協議会(1990年)

●――――食事サービスとボランティア

「お年寄りに弁当を」企業も連携し、先駆けの活動

守山区給食ボランティア　高桑嘉子さん

守山区で給食ボランティアを始めた高桑嘉子さん

「同じ食事ばかり」の危機感

1970年代の日本は、高度経済成長が続くと同時に、高齢化社会の入り口に差しかかっていました。守山区社会福祉協議会のコミュニティワーカーだった高桑嘉子さんは、お年寄りたちの「食」の問題を目の当たりにします。

「高齢者が料理をつくっても、同じものばかり食べているんです。ある地域の民生委員は、夜も日曜も走り回って、食事や見守りの支援をしていました」

そんな状況に対して、民生委員からも何とかしてほしいという要望が上がっていました。高桑さんはそのとき、名古屋守山ロータリークラブの会長に相談します。会長は地元に本社を置く給食サービス会社「日本ゼネラルフード」の社長でもある、杉浦貞男さんでした。

「杉浦さんからは『お弁当を届けるのはどうか』と提案されました。食は誰にも共通していることだと。そこで民生委員から市に要望事項として提案が出され、市がOKを出して、守山区社協が引き受けることになったんです」。単なる弁当の宅配だけではなく、高齢者の安否確認と地域のふれあいを目的としました。

こうして1976年、名古屋市内で初めての「給食ボランティア」が、ひとり暮らしの高齢者が多かった守山区の廿軒《にじっけん》家《や》学区でスタート。日本ゼネラルフードの工場から弁当を運び、ボランティアが宅配する活動が始まりました。

立ち上げ当初は新聞などでボランティアを募りましたが、なかなか人は集まりません。区内の婦人会や老人クラブにも声かけするなどして17名が集まりました。ただ、声をかけて集めた人たちはあまり長続きせず、守山区社協のボランティア講座に参加した人たちが長く活動に関わるようになってくれました。そうして徐々に人材と、配る学区を増やしていきました。

地元の人が地元で無理なく活動

ボランティアは基本、地元学区の人たち。エリアを超えることなく、月数回、無理のない範囲で活動ができ、それが継続できる仕組みにもなります。学区の広報誌に活動や募集案内が掲載されると、口コミで少しずつ広まります。また、学区の「福祉推進協議会」とも協力し、運動会など各学区の行事にも給食ボランティアが参加。そうした活動の場が人と人を結ぶボランティアの入り口となっていきました。

2017年時点で、ボランティア数は473名にも上ります。昼食の宅配は毎週、火・木曜日（一部地区は水曜日）。ボランティアが、朝9時に日本ケータリング（2008年に日本ゼネラルフーズから分社）で「めばえ号」という守山区社協の配食車に弁当を積み込み、宅配ボランティアが待機している16カ所の拠点を回る、という仕組みになりました。

ボランティアたちは月に一度、企画委員会を開き、給食サービスの運営や行事の企画を話し合いで決定します。各学区からも連絡員や運転・添乗ボランティア、企画委員が参加し、3カ月に1回は連絡員会も開催、情報交換をしてボランティア同志の連携を深めています。

一方で学区によっては、みんなが集まって食べる「集会食」方式をとったり、趣向を凝らしたもてなしを考えたりするなど、それぞれに特色が出始めました。

特に、高桑さんが暮らす白沢学区では、それまでの仕組みでやっていると、給食の登録をしている人だけにしか対応できないため、学区内のひとり暮らしや障害者の人にも声をかけ、4月に花見弁当、12月にはおせちを120食手づくりして毎年、届けています。

足元を見直す大切さ

白沢学区でのおせちづくり

物流が発達する一方、高齢化で「買い物難民」という言葉も生まれる現代。スーパーなど企業の宅配サービスですら、お年寄りの見守り機能を果たすようになっています。高桑さんたちの活動もますます重要になってきています。

今のところ、守山のボランティアたちは「自分たちのため、自分が元気でいられるため」に続けられているようです。宅配をすることで自分自身の健康づくりになり、やがて自分もこの仕組みの恩恵を受けられる。中にはデイサービスに通いながら、週に一度は誰かのために宅配をしているボランティアもいるそうです。

デイサービスや病院に通うお年寄りたちが増える中で、給食ボランティアがお年寄りの異変を見つけて、病院や施設に連絡することもあります。公的な医療や介護のすき間を埋めて、「横をつなげる」役割を担っているのです。しかし、制度上は正式に位置づけられず、「横をつなげる線に入れてもらえていない」のが実態だと、高桑さんは指摘します。

高桑さん自身、守山区社協時代は地域の人から「プロ」として見られていました。その分、信頼されて地域のさまざまな情報をいち早く得られました。定年退職すると、地域の目は少し冷ややかになったと感じたそうです。

しかし、専門職としてのプロ目線も、ボランティアとしての地域の目線も持っているからこそ、双方の視点に立ち、間をつなげることができるとも感じています。そうして、退職後も民生委員として地域で活動を続けています。

「ボランティアって、とにかく続けること。1回きりでなく、続ければ見る目が変わる。私も続けていくうちに、だんだん地域の人たちの性格まで分かって、誰にどんなサービスが必要かがわかってきました。それが本当の地域福祉ではないかしら」

そんな高桑さんがある日、学生から「老人ホームでボランティアをしたい」と相談を受けました。そのとき、高桑さんはこう言いました。

「あなたにおじいちゃん、おばあちゃんはいる？　老人ホームに行くより、まずはおじいちゃんおばあちゃんの元に定期的に通ってみて」。実際に祖父母の元に通うようになった学生は、お年寄りの気持ちがよくわかるようになったと報告してくれたそうです。

遠くに行かなくてもいい、大上段に構えなくてもいい。まずは、地元や足元から見直すこと。その大切さを強調する高桑さんたちの経験や実践が、名古屋の地域福祉ボランティアの礎を築いてきたと言えるでしょう。

（柴田）

●———子育てを担うボランティア

舞台鑑賞から本格的な子育て・子育ち支援団体へ

名古屋おやこセンター　竹内洋江さん

笑顔の子ども育む「劇場」を

まちのあちこちに空き地や原っぱがあり、夕方暗くなるまで、大勢で遊ぶ子どもたち。日本では1960年代までどの地域でも見られる当たり前の光景でした。しかし、1964年の東京オリンピック開催、それに合わせたテレビの普及や高速道路、高層ビルの建設……。都会の発展の裏で、子どもたちの元気な姿や弾ける笑顔はまちから減ってしまいました。それらを取り戻す､親子のための「劇場」をつくろうという動きが全国的に起こりました。

「劇場」時代から中心スタッフを務める名古屋おやこセンターの竹内洋江さん

1966年、福岡県で「福岡子ども劇場」ができたのを皮切りに、愛知県では1971年に「名古屋おやこ劇場」が発足。発起人は児童文学作家で「劇団うりんこ」の創設者である四《し》方《かた》晨《しん》さんたちでした。

「劇場」といっても、きっちりとした場所や組織があるわけではありません。運営は母親や大学生らのボランティア。「子どもたちにこういう舞台を見せたい」と話し合って決め、上演に向けて予算立てから会場手配、会費の管理までを自分たちでやっていくのです。

そうした「劇場」が名古屋では名東、千種、天白、守山、南部、北、中、中村に８つできました。それぞれはいくつかのブロックで構成され、ブロックもいくつかのサークルで構成されていました。サークルの会議はメンバーの家を使って持ち回りで開かれ、舞台のことだけでなく、日常の子育てなどを親同士で話し合いました。

竹内洋江さんは最初の子が3歳のとき、子ども劇場のメンバーに「子どもはひとりじゃ育てられない。地域みんなが育てるんだよ。だから一緒にやらない？」と誘われ、参加するようになりました。そして「なんか会議があるみたいだから行ってきて」「座って聞いていればいいのよ」と言われているうちに「サークル長」になって、他の会議にも出席するようになりました。

「会議では自分の知らない話が飛び交うので、あれって何だろう？　知らなきゃいけない、本も読まなきゃいけない……と考え始めました」。竹内さんだけではなく、ほとんどのメンバーが子どもを連れて「長」を務め、自分たちで考えて行動していました。

きっちり組織化、全国的な運動も

サークル長はブロック会で各サークルの様子を報告し、ブロック会の話はサークルに持ち帰って議論します。劇場でもそれぞれの地域のことを報告し、その状況を踏まえて子どもたちに見せたい作品について意見を出し合います。その意見が市の連絡会に集められ、「子ども劇場おやこ劇場全国連絡会」から届く作品リストの中から上演作品を決めるといった段取りです。

「当時から組織としてはしっかりしていました。サークル長になったら次はブロック長。よく『夫より早く出世するね』とみんなで冗談を言い合っていたほど。ただ、早く出世はするけれど、お金はなかったです」と竹内さんは苦笑します。

はじめは「みる」ことがメインで、1年間に高学年向け6作品、低学年向け6作品の計12作品を企画しました。運営費は会費収入でほとんどまかなっていたので、さすがに長続きはしません。やがて年間5作品の上演に縮小していきます。

これは名古屋に限らない問題で、全国的に「文化」にお金が出なくなり、各地で創造団体の運営が厳しくなっていました。そこで、全国の子ども劇場・おやこ劇場関係者は、子どもたちが文化に触れる機会を守るための運動にも積極的に取り組むようになりました。1996年にはNPOに関する法律をつくるよう署名を集めて、国会へ。「おやこ劇場がなかったら特定非営利活動促進法（NPO

法）はできなかっただろう」と言われるほどの署名を集めたそうです。「先駆け的なことはいろいろやってきました」と竹内さんは胸を張ります。

親も子も成長する“気づき”の場に

NPO法の成立を受け、名古屋おやこ劇場は活動の幅を広げるためにも2000年４月にNPO法人化。「名古屋おやこセンター」と名前も変え、子育て支援により力を入れていきます。2000年からは「せわやきおばさん養成講座」を開き、受講者が名古屋市内６か所に子育て広場のような場をつくりました。その２年後に名古屋市が「つどいの広場事業」を始め、公的な場ができてきたことから「おやこセンターとしてはもう役割を終えた」と拠点を１カ所に縮小。それと入れ替わりのような形で、子どものための電話相談「チャイルドライン」（134㌻）事業を本格的に始めました。

チャイルドラインは後に別団体として独立し、おやこセンターは子育て中の親の不安や悩みを聞く「ママパパライン」を開設。さらに乳幼児をもつ親とその子どもの交流や育児相談ができる場「おやこっこ」、子どもたちが仮想の町の市民になってまちづくりを学ぶ「こどものまち」などのさまざまな事業を展開するようになりました。

その活動の根っこにあるのは「子どもたちに生きる力をつけてもらいたい。そして“気づき”が大事という思い」だと竹内さんは言います。

「初めて子どもを抱いたときから親になり、親自身も成長していきます。子どもの成長も親の成長も同じ。そこでどんな人と出会うか、ただ影響されるということではなく、その人に対して『自分はこうなんだ』と気づくことが大事。その気づきを大事にできるようなプログラムづくりをいつも意識しています」

劇場運動から始まり、地域での活動を広げていったおやこセンター。少しずつ飛ばしたタネが根づき、ほかのところで花開いているという実感があり「自分たちの役割は終わった」「もう口出ししない方がいい」と言う役員もいるそうです。「でも、やっぱり、もうちょっとがんばらないとね。子どもが『この人なら安心して話せる』と思えるような大人になるために」と竹内さんは笑います。「せわやきおばさん」たちの活動は、まだまだ続いていきそうです。

（水野、佐原、関口）

●———ボランティアをつなぐコーディネート

「活動専業・主婦」の経験
女性の活躍に道

名古屋市婦人会館ボランティアビューロー協議会　近藤京子さん

「見えないポケットが大事」と話す
近藤京子さん

１年間の研修経て電話相談員に

「ビューロー」とは、英語で「事務所」や「部局」の意味。当たり前に事務所がある役所や会社と違って、ボランティア専用の事務所は、今でも多くはありません。ましてや1970年代、名古屋市の婦人会館内に開設された「ボランティアビューロー」は、特別な響きや輝きを持って迎えられたことでしょう。

そのビューローで育児についての電話相談ボランティアを引き受けたのが近藤京子さんです。

近藤さんは2人の子どもを育てる主婦でしたが、上の子が小学生に、下の子が幼稚園に入って子育てが少し落ち着いたころ、ビューローのボランティア募集のチラシを手に取りました。

「あまり深い思いはなかったのですが、時代背景として、生まれたばかりの赤ちゃんをコインロッカーに捨てる『コインロッカーベイビー』が社会問題になっていました。ひとりぼっちの母親をほおっておいてはいけない。そのために、学者や専門家ではなく、私のような素人の方がむしろいいのだということで応募してみました」

実際の電話相談では、同じ「母親目線」で話を聞いてあげる以外にも、子どもの健康状態などを見極める専門性が求められます。子どもが食べない、飲まない、大きくならない、母乳が出ない……。こうした相談にはこう答えてくださいという研修が、1年間も続きました。

そしていざ相談の現場に入ってみると、確かにさまざまな親の不安や心配ごとが次々に寄せられていました。近藤さんは仲間の相談員と一緒に、そうした声に耳を傾け続け、子育ての悩みを解消していきました。

会館拠点にボランティアが自己研鑽

近藤さんのように子育てが一段落し、ボランティアで社会参加をする主婦たちは当時、「活動専業・主婦」などとも呼ばれました。

名古屋市の婦人教育事業にボランティア養成が本格的に位置づけられたのは1971年。教育委員会は夜間高校の施設を日中に使って「婦人研修所」を開き、すでにあった婦人団体グループがボランティア活動を取り入れたり、新たなボランティアグループができたりしました。

こうした流れから、婦人団体が活動拠点として建設するよう求めて1978年にオープンした婦人会館に「ボランティアビューロー」もできました。誰もが気軽に出入りできるよう、会館の1階に部屋を確保。同時に20以上のボランティアグループによる「名古屋市婦人会館ボランティアビューロー協議会」が発足し、野村文枝さんが代表になり、近藤さんもメンバーに入りました。

協議会は「ボランティア活動を志す婦人相互の連絡提携を図り、もって婦人ボランティア活動の発展を図る」ことを目的に、週1回の「よもやま懇談会」を開き、年6回の「協議会だより」を発行。婦人会館の職員と協力してボランティア養成講座や研修会も開きました。

婦人会館は電話相談と託児が主な事業でしたが、電話相談には専任職員を置かず、近藤さんのようなボランティアの相談員に運営が任されたのです。それもボランティア自身が成長し、問題点を解決する力を養ってもらうという目的でした。

近藤さんは仲間の相談員と毎月10日に会いましょうという意味の「とうか会」をつくり、託児の様子も学んで報告書を出すなどの活動をしました。

野村さんは「安易にボランティアをして、行政の下請けになっちゃいけない。裏に仕組みがあって、よく学ばないとダメ」と盛んに言っていたそうです。

「野村さんと私は上下関係ではなく“同志”。一人ひとりを大事にするという同じ方向を目指していて、信頼感を強く感じられました」と近藤さんは振り返ります。

「見えないポケット」が大事

協議会は1981年、ボランティアがより主体的に活動できる拠点として「ボランティアセンター」のあるべき姿を提言書にまとめ、名古屋市社会福祉協議会に提出、後の社協ボラセン開設につなげました。一方でビューローは「ボランティアルーム」に改称。さらに「福祉文化の街づくりを目指した全市的な活動の推進」のために協議会と名古屋市の婦人会、クラブ婦人、商団連（中小企業卸商業団地連絡協議会）の4つの女性団体と19のグループが合流、「名古屋婦人ボランティア協議会」として新しく出発しました。

時代に合わせて、組織や名称も見直されていきます。「箒《ほうき》を持つ女」を意味する「婦人」は、女性を家庭内にとどめる古い価値観を表すとして、市民局の「婦人問題担当室」が1990年に「女性企画室」へ、婦人会館も1991年に「女性会館」となり、その後「男女平等参画推進センター・女性会館（現：イーブルなごや）」へと変わっていきました。

また、市内各学区に地域福祉推進協議会ができることになり、野村さんが「これからは地域の時代。それぞれの地元に足場をつくろう」と呼びかけ始めました。近藤さんはそのころ、電話相談を始めて13年目で、活動に限界を感じていました。母親たちの不安は「子どもが食べない」「飲まない」ということの奥にあるはずなのに、「ミルクをどう飲ませるか」という小手先の問題にばかり答えている自分。電話だけの、顔の見えない関係。「私でなくてもいいのでは」という無力感が大きくなり、近藤さんは相談員を辞めることを決断。瑞穂区で地域ボラン

婦人会館として出発し、名古屋のボランティアの拠点ともなった現「イーブルなごや」

ティアグループ「かがやき」を結成して、地元での活動に励んでいきます。

これまでの活動を振り返り、「大事なのは“見えないポケット”」だという近藤さん。「いろんな経験をしたときに『あっ、これ大事だ』と、見えないポケットに入れておいて、別の人にその経験を伝えられました。目に見えないものに気づく想像力が、ボランティアにも、生きるためにも大事。それが人間的な魅力にもなります」

電話相談はやめてしまいましたが、電話口で一人ひとりの声を聞くことから膨らませた想像力が、近藤さんの人生の糧になっているようです。

（岡、関口）

参考文献
「名古屋市婦人会館におけるボランティア活動の在り方について（中間報告）」名古屋市婦人会館運営審議会ボランティア検討委員会委員長・小川利夫（1982年）
「名古屋市婦人会館ボランティアビューロー協議会参加グループ名簿」（1982年）
「臨時協議会報告」名古屋婦人会館ボランティアビューロー協議会（1982年）
「結成総会報告」なごやボランティア協議会（1982年）
「婦人ぼらんてぃあ」なごや婦人ボランティア協議会2号（1983年）
「名古屋の女性行政　国際婦人年からの歩み」「名古屋の女性行政」編集委員会編集委員長・岡久美子（1998年）
『岩波女性学事典』井上輝子、上野千鶴子他編（岩波書店、2002年）

創成期

創成期（1981年～1994年）どんな時代？

消費社会化、少子高齢化が加速
まちに車いすの人たちも

昭和から平成へ、バブルの絶頂と崩壊も

高度経済成長期（1955年～1973年、実質経済成長率が年平均10％超え）後の安定成長期に移った1980年代。「中流意識」は広がり、ローンやカードの分割払い、消費者金融（いわゆるサラリーマン金融）も普及、支払う前から物質的な豊かさを享受できる消費社会に。レコードからCDへと音楽媒体が変わり、公務員は週休二日制となって趣味や余暇の過ごし方も注目され始めました。

特に1986年からは「バブル経済」と呼ばれる好況となりましたが、元号が昭和から平成に変わって2年後の1991年にバブルが「崩壊」。株価や地価が暴落する不況に転じてしまいました。

少子高齢化はすでに進みつつあり、1989年の合計特殊出生率は1.57で戦後最低を記録、「1.57ショック」とも呼ばれました。ちなみに同年の流行語大賞は「セクシャルハラスメント（セクハラ）」でした。職場では能力主義や成果主義が導入されると共に「一つの会社で働き続ける」日本型の終身雇用システムが崩れ、非正規雇用が増加。共働き世帯が専業主婦世帯を逆転するのもこの時代でした。

ノーマライゼーションと地域福祉に注目

行財政改革が叫ばれ、国鉄は民営化されてJRが誕生。自家用車は総数も世帯当たりの普及台数も増加し、車社会化が加速していきます。

まちには「バブル建築」といわれるような派手な建物が現れました。しかし、もう一つ、これまでまちでほとんど見かけなかった人たちの姿がこの時代に増えていきました。「車いす」の人たちです。

国連の「国際障害者年」となったのが1981年。障害者の「完全参加と平等」

をテーマにさまざまな運動が繰り広げられ、障害者と健常者が共に生きる「ノーマライゼーション」の考え方が日本でも広まりました。「障害者が当たり前の生活を実現する」動きとして、車いすの人たちがまちに繰り出していったのです。そこで道路に段差があったり、建物にエレベーターがなかったりする問題が浮かび上がり、改善を求めていく流れも生まれました。

国の施策も「地域福祉」の推進にかじが切られていきます。その際に重視されたのは「市町村の役割」や「在宅福祉の充実」「民間福祉サービスの健全育成」などでした。

名古屋では「障害者と市民のつどい」や「車いすマラソン」がスタート。1980年11月には名古屋市社会福祉審議会が「名古屋市における『福祉風土づくり』の推進について」という答申を出し、市総合社会福祉会館やボランティアセンターのオープンにつながっていきます。

1984年版の「厚生白書」には、「ボランティア」という用語のある章が初めて登場しました。ボランティア活動が一部の人々の活動から、社会に求められている活動に少しずつ変化していった時代とも言えるでしょう。

（中村）

1981年	国連の「国際障害者年」、第二次臨時行政調査会が設置され「増税なき財政再建」掲げる
1984年	全国社会福祉協議会が「地域福祉計画ー理論と方法ー」刊行、厚生白書に「ボランティア」の用語登場
1985年	円高不況
1987年	国鉄民営化でJR誕生
1988年	福祉関係三審議会合同企画分科会が「今後の社会福祉のあり方について」答申
1989年	消費税3%導入、「1.57」ショック、流行語大賞に「セクハラ」
1990年	福祉関係八法の改正で在宅福祉サービスの推進、福祉サービスの市町村への一元化、市町村と都道府県の老人保健福祉計画策定義務化
1991年	バブル崩壊

社協とボランティア

住民の取り組み、職員も学んで「輪」広げる

「ビューロー」から若者の「たまり場」へ

社会福祉協議会は地域の福祉課題の解決に向け、住民やボランティア団体などと協力して活動する民間組織。社会福祉法に位置づけられて全国各地に設置され、名古屋では1951年に名古屋市社会福祉協議会が開設されています。

当初は千種区の軽費老人ホーム敷地内に「ボランティアビューロー」があり、ボランティア保険の受付などをする窓口になっていました。転機が訪れたのは1982年11月。北区に「名古屋市総合社会福祉会館」がオープンするのに合わせ、その運営管理を名古屋市社協が引き受けたのです。

「ビューロー」は会館の6階に移転すると共に「ボランティアセンター」に改称。新たにボランティアが利用できる部屋などを備え、本格的なボランティア活動の振興が始まることとなりました。

まだ世間ではボランティアが特別視される傾向にあった時代。ボラセンの機能、役割をどのように発揮し、ボランティアの輪を広げていくか、試行錯誤の始まりでもありました。しかし、開設後のボラセンは、いつしか青年ボランティアたちの「たまり場」となりました。仕事を終えた後の青年たちが自然に集まる居場所となったのです。ボラセン職員も一緒にたわいもないおしゃべりをし、楽しい時間を共有する中で関係づくりをし、彼らの声をボランティア活動の振興に生かしていきました。

「やれることをやる」時代経て地域に定着

1983年には、子どもたちへの福祉教育を進めるために「社会福祉協力校事業」を始めたり、愛知県社協と

現在の名古屋市社協などが入る
北区の市総合福祉会館

共に「愛知県ボランティア集会」を開いたりするなど、事業の幅を広げていきました。ボランティア集会の実行委員会には、名古屋を中心に県内からボランティアに対する熱い思いを持った人たちが参加しました。議論は白熱し、夜遅くまで続くことがありましたが、学生などに混じって当時50代前後だった野村文枝さんをはじめとする「名古屋婦人ボランティア協議会」メンバーの姿も。

野村さんは「名古屋市婦人会館ボランティアビューロー協議会」(43㌻)として「社協ボラセンはこうあるべき」と提言していました。提言書の内容を見ると、「ボランティア活動の条件整備」「ボランティアの主体的条件の強化」「事務局の強化」などの項目が盛り込まれており、社協ボラセンに厳しい目を注ぎながら、大きな期待を持っていたことが読み取れます。

その後、1984年から隔月で「ボランティアセンターニュース」を発行して情報発信。点字や手話のボランティア講座を開いて担い手を養成し、1985年には「手話講座」「点字講座」「地域ボランティア養成講座」をスタート。1986年には「おもちゃ図書館ボランティア講習会」や「おもちゃ図書館ともだち」を開き、区社協ボランティアビューローも設置するなど、とにかく「やれることをやる」時代となりました。

住民の自発的な活動を推進していくことが社協の使命であり、社協ボラセンの機能と役割。さまざまな取り組みを通じて得た多くのボランティアとのつながりは、社協職員にも学びとなっています。今後も住民と一緒になって、社協ボラセンの次の時代をつくっていかなければならないでしょう。

(中村、陸川)

●――ボランティア同士の交流

幅広い参加者で熱気！
つながりが「財産」に

愛知県ボランティア集会など　丹羽則雄さん

愛知県のボランティア同士の交流について振り返る丹羽則雄さん

名古屋での集会実現に結束

1979年、「第10回全国ボランティア研究集会」が名古屋で開かれました。日本青年奉仕協会（JYVA、ジバ*）が主催して全国で実行委員を募り、ボランティア仲間が名古屋で一堂に会した集まりでした。

その中のメンバー数名が3年後、同じJYVA主催の「東海・北陸ブロックボランティア研究集会」が再び名古屋で開催されるとして、仲間に声をかけ始めました。一部では「JYVAの回し者がいるのでは？」という声もささやかれましたが、この集会のためだけでなく、ボランティア同士が活動分野や世代を越えた交流をし、学び合おうという動きがすでに起こっていた時代だったのです。

メンバーが声をかけ、協力を仰いだ関係者の中には後に「地域福祉を考える会」（54㌻）などを立ち上げる野村文枝さんもいました。また、「あさみどりの会」（20㌻）の会館に出入りする学生ボランティアも、同じころから「愛知学生ボランティア集会」を開き、交流を重ねていました。

こうして1982年に開かれた集会は幅広い参加者を集め、愛知県労働者研修センター（瀬戸市）を会場に宿泊形式で開催。「生存（いきること）・活動（うごくこと）・連帯（つながること）」をキーワードに、熱心な議論が繰り広げられました。

当時を知る愛知県社会福祉協議会の丹羽則雄さんは「JYVAの方針と実行委員の思いの違いをまとめていくのは大変でしたが、いい経験でした」と懐かしがります。こうして分野を越えた学び合いの場をあいち・なごやで継続させようとの機運が盛り上がり始め、1984年から始まる「愛知県ボランティア集会」の動きにつながっていきました。

宿泊形式で夜まで討論

愛知県ボランティア集会については愛知県社協から名古屋市社協にも声がけがあり、実行委員会との三者による共催になりました。実行委員会の顔ぶれは、名古屋市婦人ボランティア協議会の女性リーダーをはじめ、愛知県学生ボランティア集会実行委員、障害者青年学級ボランティアたちの中で、名古屋市内の活動者が中心でした。

愛知県社協で開かれた実行委員会は、夜に長時間となるのが常で、まず「全体テーマをどうするか」から始まり、一つ一つの段取りまで熱心な話し合いが続きました。呼びかけ文は「てにをは」までこだわって手を入れ続けたそうです。

「実行委員会は一歩前進で二歩後退もあり、本当に時間のかかる調整が多かったです。しかし、名古屋市内の多くの熱心なボランティアとつながれたのは、愛知県社協にとっての財産になりました」と丹羽さんは振り返ります。

第1回の日程は1泊2日がよいとの提案で、緑区大高の「宿泊青年の家（現：青少年宿泊センター)」を会場に選びました。

ボランティア活動の充実をめざし、「ともに生きる」という立場に立った協議がされました。「問い続けよう　ともに生きる姿を！」と題したシンポジウムをはじめ、分科会では「子どもをとりまく社会」「国際青年年（IYY）への取り組み」「婦人のボランティア活動--男性の参加を求めて」「老人をとりまく家族と環境」「障害者と地域社会」「ボランティアの輪をひろげよう」などのテーマで議論が繰り広げられました。

1泊2日の宿泊形式はその後も数回、企画され、それを楽しみに来る参加者も多かったようです。実行委員長は毎年変わり、若い世代も担いました。こうして1989年まで計7回開かれたボランティア集会は、1990年からは4年に一度の「愛知県ボランティア大会」として県内6ブロックごとの開催に。名古屋ブロックでは1992年から「名古屋市ボランティア集会」が始まりました。

丹羽さんは「社協がこうした集会のコーディネート役を果たすことができ、

なにより実行委員会の実行力でできた集会でした。こうした取り組みにより、有償ボランティアや災害ボランティアの議論ができ、幅広い活動やNPOなどの今の活動につながっています。名古屋市近辺の市のボランティアリーダーの参加もあり、幅広いつながりができて大変よかった」と話します。

「学習」から「交流」の場へ

名古屋の集会は計10回のうち宿泊形式は第3回のみで、大半は一日限り。しかし、数を重ねるごとに実行委員の顔ぶれが幅広くなり、内容も「今、問われるボランティア」といった深いテーマを設定。分科会にワークショップを取り入れたり、活動紹介などの出展ブースを設けたりと、工夫が凝らされました。名古屋市社協ボランティアセンターの担当職員にとっては、ボランティアから多くを学ぶ機会にもなり、職員の育ちにはとてもよい取り組みになりました。

一方、「なごやボランティア・NPOセンター」（101㌻）が2002年にでき、「ボランティア・NPOフェスタ」も始まりました。このフェスタと集会の両方に参加するボランティアから「負担が大きい」との声が上がり、2005年からは両者が合流して「ボランティア・NPOフェスタ」に一本化されました。

NPO法人は数を増やし、福祉以外にも活動の幅を広げていった時代です。ボランティア活動を深めるため、市民の参加が歓迎され、イベントの参加者は幅広くなりました。しかしその分、よくも悪くも「学習」の場の意味合いは薄まり、敷居の低い「交流」の雰囲気が濃くなっていきました。

（渡辺、中村）

＊青少年のボランティア活動の推進と普及を目的として、1967年に発足した文部科学省所管の社団法人。2009年解散。

参考文献

「愛知の福祉　県社会福祉協議会35年史」愛知県社会福祉協議会（1987年）
「愛知の福祉　県社会福祉協議会50年史」同（2001年）

●────高齢者介護とボランティア

〝質〟に〝心〟を添えた
有償サービスを確立

地域福祉を考える会　鈴木八重子さん

「地域福祉を考える会」での活動を語る鈴木八重子さん

「自分たちの老後」も考える

ボランティアは他人に「何かしてあげたい」と思うだけでなく、自分たちを「何とかしなければ」と考えることからも始まります。

お年寄りの生活を支えるのは、「自分たちの老後を考える」こと。それを意識して、野村文枝さんたちが「若葉会」を母体に「さつき会」を立ち上げたのは1975年。名古屋の地域ボランティアグループ第1号として、千種区に住むお年寄りたちの生活支援を始めました。

当時から市職員の公的なホームヘルパーはいましたが、210万の市民を抱える名古屋市で110名程度。その人材不足をボランティアが補う状態が続きました。しかし、お年寄りが衰弱していくと、単なる家事協力から身体介護に移り、主婦が時間を割いてお手伝いをするレベルではなくなってきます。

こうしたボランティア活動の限界を、1984年に名古屋で開催された「第1回日本女性会議'84なごや」の福祉分科会で報告すると、「それは何とかしなければ」と問題意識を持った有志が集まりました。

その20名ほどが、設立準備会を経て1988年6月に「地域福祉を考える会」を結成、住民参加型のホームヘルプ事業「ふれあいサービス」を始めます。それは無償のボランティアから、非営利だけれど「有償、有料」でサービスを提供する活動への転換でした。

研修を受けた「主婦協力員」がお年寄り宅を訪問。お年寄りは3時間2,000円の負担で、気兼ねなくサービスを受けられます。民間の営利企業が行う事業ではなく、地域住民が「自分たちの問題」として取り組むことで“質に心を添える”サービスとして大好評になったと野村さんは記録しています。

「ふれあいサービス」から「なごやかヘルプ」へ

鈴木八重子さんは1978年に開設された「名古屋市婦人会館」(43㌻)の電話相談員に応募し、野村さんと出会いました。子育てが一段落し、「何かしなければ」と動き出したとき、野村さんや女性会館の講座で教わった女性史や女性問題の内容は、とても刺激になったそうです。

15年間務めた電話相談員と並行して、地域福祉を考える会には途中から「情報部」として会報づくりに携わりました。会の活動や野村さんの考えなどを毎月まとめ、会員や市、社会福祉協議会、大学の先生など100名ほどに送ります。野村さんが忙しくて原稿が書けないときは、鈴木さんが自ら書くこともありました。

「女性の労働力が社会に安く使われている」という野村さんの言葉に深く共感する一方、会の「ふれあいサービス」は有償だけれど「安い労働力を使っているのではないか」という外部からの批判も聞きました。それに対して、野村さんは「お金だけの問題じゃない。社会を支える役割があり、みんなが納得した上でやっている」などと反論していたのを鈴木さんはよく覚えています。

地域福祉を考える会の活動は名古屋市を動かし、市の事業と統合できないかと提案されました。野村さんたちは事業に関心を持つ他の団体とも協議し、研究を重ねて統合を決意。1990年、まず名古屋市社協に「なごやかヘルプ事業」が生まれ、地域福祉を考える会の半数に上る会員67名が「なごやかスタッフ」として各区の社協に登録。市は「ホームヘルパー等派遣事業」を新制度として発足させ、それを市社協に委託する形で、市全域の在宅高齢者のホームヘルプ活動に発展していきました。利用料は所得に応じて0～650円と安くなり、初年度は8割近い利用者が無償利用でした。一方、スタッフの報酬は1時間780

円プラス交通費。こうして新制度を軌道に乗せ、地域福祉を考える会は学習と交流の事業が中心となりました。

引き継がれている「学び」の姿勢

さらに、2000年に介護保険制度が導入されると、「なごやかスタッフ」は全員が市社協の「介護保険事業ホームヘルパー」として雇用されました。「清水なかまの家」（108㌻）の給食サービスも始まっていたため、野村さんは「地域福祉を考える会はこれで終わりでいい」と言い出しました。

しかし、これまでやってきたことをなくすのはもったいないという意見が多く、せめて会報の発行だけでも続けようという話に。長年、会報発行を担当し、当時は副会長だった鈴木さんは「やるなら私しかいないという雰囲気になりました。最初は野村さんと比べられるので絶対イヤだと思ったのですが……」と苦笑しながら思い返します。

結局、代表は1年間の任期制という条件で鈴木さんが引き受け、会は「地域福祉研究会」と名称を変えて再出発。勉強会も継続して、会報で情報発信をしました。代表は鈴木さんの後に6名ほどが引き継いでくれましたが、会員の高齢化と共に2015年2月、最後の総会とお別れ会を開いて会の歴史を閉じました。

「ボランティアは、社会的に必要とされていることを個人ではなく、組織的にやるべきだというのが野村さんの教えでした。『ボランティアだからこれぐらいでいい』ではなく、やる以上は責任があります。それは学習でしか学べないこと」と鈴木さん。組織はなくなってしまいましたが、「学習もだいじ、実践もだいじ」という野村さんの教えは、個人個人の胸に引き継がれています。

「有償ボランティア」の位置付けも議論

「有償ボランティア」と称される個人の活動形態は、1980年代に高齢者介護分野での会員制の「支え合い」活動から見え始め、1998年のNPO法施行以降はNPO法人内でも見られるようになりました。

実費や報酬といった「謝礼金」は、援助をする側には活動を円滑に続けられる手段となり、援助を受ける側にとっては遠慮や気兼ねのない利用につながるメリットがあります。

地域福祉を考える会の主催で開かれた講演会。「おもしろ老後生活術」という演題が見える

一方で、事故などが起きたときの責任の所在はあいまい。安上がりの労働力として使われるのに法律に守られることもなく、さらには無償性を原則とするボランティア活動の精神を崩してしまうデメリットもあります。

それでも、全国的にボランティアを有償化させ、公的ヘルパーの代わりに介護のマンパワーとする傾向が強まっていきます。同時に、無償のボランティア活動に対しては女性問題の視点からも見直しが加わり始めました。

こうした板挟みのような状態で、野村さんたちも悩み続けました。

ふれあいサービスは当初、活動収入の10％が運営費。しかし、それだけでは事務所当番の日当にも満たず、コーディネーターの交通費も不足していました。ケアスタッフの病気や事故に対する保障、研修内容の充実と常設のトレーニング施設の整備なども不十分。何より小さな自主団体だけでは市全体をカバーすることはできず、限られた量のサービスしか提供できませんでした。

こうした課題は、行政の制度の枠内に入って活動を制度化することで解決されました。

ただし、野村さんたちは制度化にこぎつけるだけで役割が終わったとは考えませんでした。制度化後も利用会員の実態調査や協力員の生活と意識に関する実態調査、協力員の業務内容調査を、日本福祉大学の学生らと共に行いました。その結果、事業の安定性や行政の訪問介護との連携面などで機会をとらえては制度の改善提案をして、なごやかヘルプ事業にも反映させていきました。

（岡、関口）

●──食事サービスとボランティア

弁当を届けて安否確認
ボランティアの限界も

食事サービス松栄　村上美智子さん

ベテランと若い世代が結びつく

「松栄」の25年間を振り返る村上美智子さん

人が年をとってだんだん食事をつくれなくなると、栄養が偏り、健康を損ねて生活が成り立たなくなってきます。そんなとき、「遠くの親戚より近くの他人」と言われるように地域の支え合いが大事です。名古屋でも、高齢者への配食サービスの必要性に気づき、団体を立ち上げる人たちが増えていました。

野村文枝さんを中心に市全体で活動をしていた地域ボランティア「さつき会」の会員たちは、それぞれに住んでいる地域で仲間づくりをすることにしました。昭和区では1975年に「長戸ボランティアグループあじさい」が生まれ、「あじさいの家」の運営を始めます。

「あじさい」の初代代表についた清水昭子さんは、町内で広く会員を募集しました。その呼びかけに応じた１人が村上美智子さん。あじさいの家の部屋を借りて「ちびっ子クラブ」と「あじさいこども文庫」を開き、子どもの友達づくりや、子育てする親同士の仲間づくりを支援し始めました。

ボランティア活動をする市民たちはこのころから、行政のような縦割りでなく、障害者や子どもといった分野の垣根も超えて、自分たちの仲間づくりや地域の課題を解決するために地域福祉に取り組んでいたのです。

あじさいの家を拠点に、高齢者を支えて地域をよく知るベテランのボランティアと、子育て世代の若い人が一緒に活動をすることになりました。地域の困りごとの解決と仲間づくりが、よい形で結びついたと言えます。

そんな清水さんや村上さんは、そのころ「食事サービス事業研究会」（109㌻）を立ち上げていた野村さんと出会いました。そこから発展して1993年10月に発足したのが「食事サービス松栄」でした。

準備万端、適材適所でスタート

野村さんの研究会は、すでに全国の先進事例を見学して、組織づくりや段取りなどについて文字通り「研究」をしていました。その成果で、松栄の配食サービスはとても手際よく準備が進められました。

地域では、民生委員や老人会の会長を通して住民にアンケートを取って、事前に「こういうことをしたい」と伝えました。調理スタッフの養成は講座の開催を新聞で広く呼びかけ、終了後に希望者を登録してスタッフになってもらいました。

食事の内容は試食会を開いたり、1カ月のモニター期間を設けたりするなどの準備期間をとって検討。手づくりで毎日でも飽きないヘルシーな「ぬくもり弁当」のメニューができました。

人材はまさに「適材適所」。調理は長時間の立ち仕事なので体力のある子育て世代の若い人が担当、地域をよく知るベテランボランティアは配達に回るなど、それぞれに力を発揮してくれました。特に管理栄養士の吉岡良子さんの働きは、メニューとレシピの作成、器材や食材の調達、調理スタッフの指導などと多岐にわたり、「彼女がいなければこの事業は成り立たない」と言われるほど。曜日や時間、配達区域ごとに班長も決めて振り分け、申し送り帳なども使うことにしました。

当初は調理スタッフ30名、配食スタッフ30名。マスコミの応援でボランティア希望者が90名以上集まったときもありましたが、活動は1人が月1回程度。連絡調整が大変で、うれしい悲鳴が上がりました。

1997年には名古屋市の委託事業所に認定。週4日の配食が義務付けられましたが、対象の利用者には1食に付き650円の委託料が出ることになり、負担がぐっと減りました。対象外の人にも、有料で配食を続けました。

高齢者に配達する弁当づくりの様子

2004年6月にはNPO法人格を取得して村上さんが理事長に。介護保険指定事業者にもなり、「生活支援型配食サービス」を週5日実施することになりました。

家にばかりいる高齢者は季節の変わり目を感じる機会が少ないので、月初めには赤飯をたいて、月が変わったことに気づいてもらいます。行事食にはカードやクリスマスツリーなども添えました。冬至にはそのままお風呂に入れられるように、ユズを袋に入れて一緒に届けたり、各地で名物の駅弁をまねした「全国駅弁めぐり」弁当を企画したり。「私たちも楽しんでいました」と村上さんは振り返ります。

事業は終了、地域には新たな課題も

しかし、2018年3月末、松栄はNPO法人を解散して配食サービス事業を終了しました。理由は「利用者の減少」です。

2000年に介護保険制度が導入されたころは、介護サービスの利用に高齢者も家族もためらっていましたが、今は入所施設だけでなく、日帰りで利用できるデイサービスの事業所もできて、在宅生活を支えています。「ぬくもり弁当」の利用者もほとんどがそうした施設を利用するようになりました。

すると、デイサービスに通う日は昼食をとるので、松栄には夜に夕食を配達してほしいとの要望が出ます。村上さんたちは実現に向けて検討を重ねましたが、松栄は単なる配達でなく、安否確認を大切にしていたので手渡しが必須。夕食の配達となるとすれ違いが多くなり、再配達もあり得ます。ボランティアでの対応は不可能でした。

これまでは手渡しによって、自宅で倒れていた利用者を発見して、家族やケアマネージャーや病院につなぐことが何度もありました。介護制度が充実する一方で、新しい課題も生み出しているようです。 (岡)

●———高齢者介護とボランティア

住み慣れた家のように 名古屋で初の「宅老所」

はじめのいっぽ　野上美千代さん

名古屋で初の宅老所を開設した野上美千代さん

大きな介護施設の現場に疑問

野上美千代さんは1990年ごろ、特別養護老人ホームの職員をしていました。当時、施設は入所するお年寄りが100名くらいの大きな規模で、集団介護をしていました。だから一人ひとりを丁寧に見きれず、高齢者の尊厳や気持ちを傷つけることがたくさんありました。

例えば、お年寄りのトイレは時間を見計らって一人ずつ誘導すればいいのに、おむつをはかせます。職員の手間を省くためです。いくら漏らしても大丈夫ですが、気持ち悪いですよね。

いやがって衣服を脱いでしまう人には、上下が一体化したつなぎの服を着せます。体の動きを制限することです。だから施設のお年寄りはいつも「家に帰りたい、帰りたい」と言っていました。でも、帰ることはできません。高齢者を家で支える家族がいないからです。家族もさまざまな事情があり、高齢者に特養に入ってもらわなければ生活が成り立たないのです。

野上さんはこんな大規模施設の介護に疑問や悩みを抱きました。そして、介護職で働く人たちでつくるサークル「名古屋市ケア連絡会」に参加して、講演会やセミナーにも出かけました。

飲み会では仕事のグチをこぼしました。すると仲間の一人から「グチを言っているくらいなら自分で立ち上げたら？　福岡の宅老所『よりあい』も3人で立ち上げたんだよ」と言われました。宅老所とは、高齢者だけでなく家族も支える在宅介護の仕組み。これを名古屋でもやろうと、野上さんは思い立ちました。

4年半勤めた特養を25歳で辞めて、1年間は準備期間として福岡の「よりあい」や神奈川の「生活リハビリクラブ」、愛知県一宮市の「お達者くらぶ」などの宅老所を見学しました。「呆け老人を抱える家族の会」(現：認知症の人と家族の会）の全国研究集会や高齢者問題を考えるイベントにも参加、手づくりのチラシを配って「宅老所を始めたい。場所も探しています」と訴えていきました。

準備は、すべてが順調に進んだわけではありません。無認可で始めることに不安を感じて抜けた人もいて、残った仲間は2名でした。「本当は私も不安でした。どのドアを開けたら自分の行きたい道に進めるのかわからなかったし、お金もなかった。ただ、夢を買う気で、ダメならまた介護職に戻ればいいと思って。若かったから勢いでできました」と野上さんは振り返ります。

少人数で「バタバタしない介護」実現

地道な活動と努力が実り、野上さんたちは1994年に名古屋市内のアパートの一室を、大家の母親を受け入れることを条件に無償で借りられました。そしてスタッフ2名、利用者4名で宅老所「はじめのいっぽ」を開所しました。

認知症のお年寄りと共に、家庭的な雰囲気の中でゆったり、心の底から笑い合える場。朝はお茶を飲みながら世間話をしてのんびりと過ごし、昼食の準備もスタッフと利用者が一緒にします。利用者の見事な包丁さばきにスタッフもびっくり。「そうだよね、昔は家族のご飯をつくっていたんだもんね」と会話も弾みます。昼食の後片付けを一緒に済ますと、ドライブや喫茶店へ。お年寄りのペースを大事にした「バタバタしない介護」です。

現在の宅老所はじめのいっぽ。中村区の住宅街にある一軒家

野上さんは「高齢者が自宅にい

るようなつもりで来てくれる場所をつくりたいと思っていました。名前は自宅の『宅』と老人の『老』、居場所の『所』としました。宅ではなく『託』を使っているところもありますが、それは高齢者を大事な家族から託されたという意味。うちは自宅の宅です」と強調します。

当時の年会費は2,000円、利用料は1日送迎付きで3,000円。利用者は徐々に増え、1年後に月の延べ利用者数が50名を超えるようになりました。しかし、初年度の収支報告を見ると、人件費は10月まで0円でした。つまりスタッフは実質、無償のボランティア。その後は6カ月で1人につき12万円を支給しましたが、月にすれば2万円。スタッフは自分の生活費をホームヘルパーのアルバイトでまかなう日々でした。

はじめのいっぽは1999年9月にNPO法人格を取得、施設基準を満たすために中村区の一軒家に移転しました。経済的には同年10月、市の「E型」デイサービスの受託をして、利用者13名で再スタートしたときから、ようやく安定します。無認可時代の苦労が報われて、やっとスタッフにきちんと給料が支払えるようになりました。

2000年4月の介護保険制度導入時には、制度の枠内に入って「指定通所介護事業所」になり、3,000円だった利用者負担を大幅に減らすこともできました。

元スタッフが昼食調理など支援

こうした施設のキーワードは3つあります。お年寄りがこれまで過ごしてきた地域での生活や人間関係が継続できる「地域密着」。互いになじみの関係が持てる「小規模」。そして通い、泊まり、自宅に来てくれ、必要があれば住むことができる「多機能」です。

だから宅老所やグループホーム、民間デイサービスなどは「小規模・多機能ケア」とも呼ばれます。そうした施設を全国で運営する事業者が1999年に「宅老所・グループホーム全国ネットワーク」を設立。野上さんは2004年までの5年間、「あいち宅老連絡会」の事務局として全国ネットの窓口の役割を果たしました。はじめのいっぽの運営に加えて通信発行やフォーラム、学習会、介護セミナーを開催するなど大忙しでしたが、一緒に走る仲間や20歳以上も年上の先輩たちの存在が励みになりました。「実践を形にして、さらに言葉にして伝えることができる人たちとつながれたことが大きかった」。こんな野上さんたちの全国的な実践や運動が、デイサービスやグループホームの国庫補助事業、地方自治体独自の弾力的な補助事業などの制度化につながりました。

仲よく茶碗の後片付けをする入所者

今の課題は、どの分野の団体もそうですが、人材が集まらないことです。

しかし、はじめのいっぽの設立に関わった地域の人や、その後に結婚や出産のため専業主婦となった元スタッフたちは、今も会員約30名のグループ「はじめのヤッホー〜自分たちの老後を考える会」として、昼食調理や通信発行、講演会、バザーの開催などを支援しています。

特に昼食は調理ボランティア（1995年11月からは有償化）が毎日交代でつくり、それぞれの個性豊かな食事が利用者やスタッフの楽しみとなっています。関わる人たちも、ここでボランティアをすることで年をとり、ぼけるとは何かを学び、身体が不自由になることを一緒にご飯を食べながら知っていきます。認知症の人もニンジンを切ったり、洗濯物をたたんだりするなどの役割を果たしながら楽しく暮らし、いろいろと考えている。そんなことも学べる場になっています。

介護職は求められる技能が高く、資格はもちろん人生経験も必要です。困ったときにちゃんと「困った」と言ってもらえることが大事。質問してくれれば、そこでコミュニケーションが取れ、互いに理解して成長もできます。

「仕事でもボランティア活動でも、わからないことをごまかして放置しないで、一緒に考え、工夫をしたい」と野上さんは考え続けています。（岡）

参考文献
『小規模多機能ホームとは何か』高橋誠一、小規模多機能ホーム研究会編（全国コミュニティライフサポートセンター、2003年）

●———障害者青年学級とボランティア

障害者の社会参加を 手づくりの「教室」で支える

ボランティアサークル汽車ポッポ　河合賢治さん

「汽車ポッポ」の代表として活動を続ける河合賢治さん

「先駆者」の講座機にサークル設立

知的障害のある子どもが学校に通う教室は、かつて「特殊学級」と呼ばれていました。今となっては社会との距離を感じさせる言葉にも聞こえます。しかし、学校に通えるうちはまだよかったのかもしれません。卒業して「青年」になった後は、就労や生活面でますます厳しい状況に置かれるのが現実だったからです。

障害者が平日に通う作業所などは徐々に整備されていきましたが、休日は家に閉じこもり「ゴロ寝」するしかない——こうした訴えが障害者やその親から切実に上がるようになりました。それは福祉面だけでなく、教育や余暇活動といった面からも考えなければならない課題でした。

これに対して「障害者学級」や「障害者青年学級」と呼ばれる場が1960年代から東京で設けられ始めました。その動きは全国に広がり、名古屋でも1970年代なかばには、南区の作業所の職員やボランティアが「ゆたか日曜学校」(28㌻) の名で障害者が休日も有意義に過ごせる場をつくりました。名古屋市は「健全な青少年の育成」を目指した「青年学級」事業の一貫として、そうした障害者団体に年間5万5,000円の委託料を支払う形で活動を助成。各団体の要望を受けて1979年には「障害者青年学級」として別枠の制度が設けられました。

このころ、ちょうど障害者ボランティアの講座を受講したのが、瑞穂区の河合賢治さんです。

「当時、私はサラリーマンでしたが、地元でボランティア講座があると知って『勉強してみよう』と参加しました。障害者について勉強しながら、彼らが直面している社会的な差別や立場についても理解ができました」

河合さんが受けたのは、名古屋の障害児支援団体の先駆けである「あさみどりの会」に携わり、千種区の知的障害児母子通園施設「さわらび園」の園長を務めていた島﨑春樹さん（20㌻）による講座でした。

河合さんが「ボランティアの先駆者」と慕う島﨑さんの講座は充実し、河合さんをはじめ50〜60名いた参加者のうち20名ほどが受講後、「みんなで何かやろう」と意気投合。1981年にボランティアサークルを立ち上げました。名称は「前に進む」というイメージで「汽車ポッポ」としました。

クリスマス会や「ディスコ」も

はじめは勉強会などを開いていましたが、「青年学級」の制度を知り、取り組んでみることに。場所はボランティア講座が開かれた瑞穂青年の家（2007年で廃止）の視聴覚室などを利用、後に瑞穂区の瑞穂社会教育センター（現：生涯学習センター）での開催が定着しました。

そこに、地域で暮らす知的障害を持つ男女を「学級生」として招きます。最初は学習計画など「学校のカリキュラムのようなガチガチのものをつくった」河合さんたちですが、長続きさせるのは難しく、だんだん季節行事的なものに落ち着いていきました。運動会や文化祭、クリスマス会などです。ときには部屋の窓を暗幕で閉め切り、ミラーボールを回して「ディスコ」にしたことも。「当時はボランティアがみんな20代前半。元気でやる気満々だった」と河合さんは懐かしそうに思い出します。

初めの1年間は「青年学級」として市の委託料5万5,000円で活動。2年目からは「障害者青年学級」に認められ、委託料が20万円になりました。それでも、年間の活動に対してですから、やれることは限られます。

河合さんらボランティアは交通費も、弁当もなし。逆にボランティア側が「参加費」を支払います。初めての人には驚かれることもありますが、「それが当たり前」と思えるほど、自分自身に得るものがあるそうです。

「困っている、支援を必要としている人をほおってはおけない。陰では『偽善者』とささやかれていたこともありました。でも、こういう活動をしないと出会えない人たちがいっぱいいる。そういう人たちとの出会いの大切さが、回り回って自分に返ってくる」。河合さんはきっぱりと言います。

2018年に開かれたクリスマス会

一時期はボランティアがなかなか集まらず、苦労したときも続きました。毎月、活動報告を「おたより」として出し、新聞に活動案内を載せてボランティアを募ります。それでも人が集まらない。そんなときは福祉関係の高校生が「自分がやる」と、ずっと残ってくれました。それで苦しい時代は乗り切れたそうです。

「マニュアルなし」が継続の力

活動で大事にしているのは、行くところの下見やリハーサルなど「事前の準備をしっかりする」こと。そして、終わったら反省会を「その日のうち」にしておき、次回までには問題を修正すること。

「今で言うPDCA（「Plan（計画）」「Do（実行）」「Check（評価）」「Action（改善）」を繰り返して業務を改善する手法）のようなことをずっとやってきました。これを徹底すると何があっても臨機応変に対応できるようになるんです。ボランティアに対してマニュアルはつくらず、頭の中でやることをシミュレーションしてもらう。そうやって人間の臨機応変さが鍛えられ、継続の力になっていたような気がします」と河合さん。

2018年12月の第3日曜日。汽車ポッポ恒例のクリスマス会が開かれました。生涯学習センターの調理室には、河合さんらスタッフ10名ほどと、利用者20名ほどが集合。前日までに用意した野菜やフルーツ、パンなどを使ってシチューとサラダ、ナゲット、カップケーキのごちそうづくりです。

慣れない手つきで野菜を切ったり、クリームをしぼり出したりする利用者もいましたが、みんなで助け合って、にぎやかに料理を進めます。コトコトと煮込まれたシチューのいい香りがたちこめ、カップケーキが色とりどりに飾り立てられると「いいねえ」「おいしそう」という声があちこちで上がりました。「料理中は食べないで」「カップには名前を書いておいて」など、今までの経験から得られた注意事項が徹底されています。1時間ほどで調理が終わり、全員分を盛りつけたら、センターの職員に「おすそわけ」する分をトレーに載せて、事務室に運び込む係も決まっていました。

そして、その場で調理台をテーブル代わりに囲み、いすに座って「いただきます」。みんなのほっとした笑顔が弾け、「おいしい、おいしい」と言って何杯もシチューをおかわりする利用者も。

「正直、準備は大変ですけれど、この笑顔を見るのが楽しみ。そろそろやめようかなと思うと、また新たな出会いがあって、楽しくなる。これがなくなったら私に何が残るんだろうというくらい、私にはこの活動が一番マッチしています」。河合さんは一層、充実した表情を見せました。

(関口)

参考文献

「名古屋市における障害者社会教育～『障害者の社会教育を語る会』の活動を中心に～」加藤良治（社会教育研究年報第30号、2016年3月）

●———障害児の遊びとボランティア

おもちゃの貸し出しを通じて 子どもも大人も、笑顔の輪

名古屋中村おもちゃ図書館　髙村　豊さん

障害のある子にも遊んでもらいたい

名古屋で初めてのおもちゃ図書館を開いた髙村豊さん

「おもちゃ図書館」は、子どもに自由におもちゃで遊んでもらい、気に入ったおもちゃは借りて帰り、家庭でも遊んでもらうというボランティア活動です。1935年にアメリカで始まり、世界中に広まりました。日本では1981年の国際障害者年をきっかけに東京都三鷹市で始まり、現在は国内に約500館あると言われています。当初は障害のある子どもたちのために始まったのですが、今は障害の有無は関係なく、すべての子どもを対象にした館が増えています。

名古屋市内の養護学校教員だった髙村豊さんは、障害の重い子が遊べていないことに気づき、もっと遊べるようにという思いでおもちゃの研究をしていました。あるとき、イギリスで開かれたおもちゃ図書館の国際会議に参加した職場の同僚からその様子を聞き、「いつか名古屋でおもちゃ図書館をやりたい」と思うように。それから7年ほど後の1985年、自宅の2階で自分のおもちゃを使い、名古屋で初めての「名古屋中村おもちゃ図書館」を開設しました。

最初の利用者は、保健師が連れて来た障害のある子でした。遊び方は障害の種別や状態によって一人ずつ異なるので、髙村さんはおもちゃをたくさん用意しました。また、素材は木や布などの天然のものを大切にし、特に日本の木で

つくったおもちゃにこだわりました。

当時は婦人ボランティア活動が盛んな時期で、子育て経験のある母親らから多くの助言がありました。主婦が中心となった布の遊具をつくるボランティアグループ「たねの会」からも多くの手づくりおもちゃの寄贈を受けました。

名古屋の高校生がアメリカ留学中に射殺される事件が起こったときは「子どもには武器のおもちゃで遊ばせない」と決め、それ以来、武器のおもちゃは置いていません。

当初の開館日は日曜日でしたが、学校週５日制の導入に伴って、市教育委員会から学校が休みとなる日を開館日にしてほしいと依頼がありました。それを受けて会場も変更し、毎月第２土曜日に中村社会教育センター（現：中村生涯学習センター）で運営することになりました。

「図書館」同士や「病院」も連携

髙村さんの活動に対する共感は広がり、名古屋の各地でおもちゃ図書館が開設されていきました。中村区には「ひだまりおもちゃ図書館」や「にじのひかり教室おもちゃ図書館」ができて計3つに。南区には4つも、北区や熱田区、昭和区、緑区にも２つずつ開設されました。

「図書館」の他に「病院」もできていきます。「おもちゃドクター」が壊れたおもちゃを修理したり、紛失したおもちゃの部品をつくったりするボランティアの「おもちゃ病院」です。これも北区や東区、緑区にオープン。子どもにおもちゃを大切にすることを伝えるためにも、おもちゃ病院の存在は欠かせず、髙村さんたちの大切な連携相手となりました。

愛知県社会福祉協議会や名古屋市社会福祉協議会からも協力の申し出があり、1988年に「名古屋市おもちゃ図書館連絡会」、翌年に「愛知県おもちゃ図書館連絡協議会」が発足。髙村さんが初代代表を務めた連絡会は、1991年ごろから名古屋青年会議所の主催行事「夢いちば」に参加。これをきっかけに青年会議所の関係者からは毎年、多額の寄付を受けることになりました。この経験は、おもちゃ図書館同士のつながりだけではなく、多分野の団体とつながる重要性にも気づかせてくれました。

髙村さんの活動の原動力は「子どもの笑顔､お母さんの笑顔」と「ボランティ

親子が気軽に集うおもちゃ図書館

ア活動として一緒に支援してくれる人がいること」。開設当初に来た子が大人になって再び訪ねて来てくれたり、昔一緒に活動していた人がある日突然連絡をくれたりすると、「長年続けてきてよかった」と感じます。

また、おもちゃを貸し出すときに、おもちゃ作家の思いも一緒に伝えると、「うちの子はこうやって遊びました」と反応を返してくれることが多くなります。「ボランティアを通して人と人の思いのキャッチボールができる。ママ友にも話せないようなことを相談したいときも、おもちゃ図書館のボランティアが地域のおじちゃんおばちゃんとして話を聴ける。そんな相談窓口のひとつになれるといい」と髙村さん。

スキルアップ、PR課題

しかし、課題も少なくありません。ボランティアの高齢化が進み、ボランティア不足などのために活動中止となるおもちゃ図書館も出てきています。

名古屋中村おもちゃ図書館も、多いときは20名ほどいたボランティアが5名になったことがありました。近隣のNPOの若いママスタッフに参加してもらったり、髙村さんが非常勤講師を務める大学の学生がボランティアに来てくれたりして、何とか活気は維持されています。

一方で、発達障害児が増えているとされる現在、ボランティアも一人ひとりの子どもに合った適切なおもちゃの提供ができるよう、スキルアップが求められています。

子どもたちに来てもらうためのPRも欠かせません。メディアの活用以外にも、障害のある子に来てもらうために保健所の保健師とつながりを持ったり、若い保護者に知ってもらうためにSNS（ソーシャルメディア）を活用したりするなど、時代に合った方法が求められています。

「ボランティアはお金にかえがたい面白みや楽しみ、やりがい感、うまくいったときの成就感などの喜びが得られます。グループ内では情報交換や集団で取り組む喜びを感じられますし、他の人の経験を吸収できる面白みもあります。自分の活動分野以外にも視野を広げ、近視眼的にならずに『のん気・根気・元気』という気持ちで取り組んでもらいたい」と呼びかける髙村さんです。

（陸川）

●――親子が集える「広場」づくり

悩める母親に居場所を！事業化意識して奔走

子育て支援のNPOまめっこ　丸山政子さん

母親たちの「広場」づくりに奔走した丸山政子さん

「親子教室」に誘われスタッフへ

丸山政子さんは1973年、夫の転勤で初めて名古屋に来ました。まだ生まれて間もない子どもを抱え、専業主婦として一日中、家の中に。土地勘もなく、友達もいない中で、社会から孤立した子育てに悩む日々が続きました。

子どもが幼稚園に入ったころ、やっと少しの余裕ができて北区の生涯学習センターで開かれていた手芸講座を受講。さらに女性学や労働学などの講座を受け、センターの託児ボランティアも手伝い始めました。

しばらくすると「ワーカーズてべんとうず」という変わった名前の団体がセンターに「営業のような感じで」やってきました。そして、「赤ちゃん講座をやりたいから手伝って」と誘いを受けます。それで丸山さんが1993年から取り組んだのが「まめっこ親子教室」でした。

親子教室は北区のほか、千種区、西区、中村区、名東区、愛知県稲沢市で開かれていました。親子10組が10回のコースを受講します。費用は2万円でした。

前半の1時間は、親子で一緒に遊びます。それも単に設営した遊具で遊ぶようなものではなく、みんなで輪になったり手遊びしたりするものでした。後半は10組が半分に分かれ、母親同士がいろいろなテーマでディスカッションをするグループと、子どもの面倒を見るグループに分かれます。それを途中でグループ交代。自分の子や他の子の面倒を見ていた母親が、今度は子どもを別の母親に預けてディスカッションに集中します。エンディングはビートルズの曲が流れ、親も新鮮な気分に。てべんとうずのスタッフがアメリカで視察してきた「相互子育て」の形式だったそうです。

アレルギー対応の「おやつ」をみんなで食べる時間などもあり、参加した母親たちにはとても好評で、「私も地域でやりたい」と各地でこの親子教室が広がっていきました。

NPO化して商店街に「広場」も開設

親子教室には多くのボランティアも関わってくれましたが、丸山さん自身は「ボランティアで続けていく」という意識はありませんでした。

子育て支援の関係からNPO法人「子どもの虐待防止ネットワーク・あいち(CAPNA)」(114㌻)に関わっていたことがあり、男性中心の社会だからこそ虐待やDV(ドメスティック・バイオレンス)があると学びました。その構造を変えるためにはボランティア活動では限界があり、事業化しなければいけない――。そう常々思っていた丸山さんは名古屋大学法学部の後房雄教授とも出会い、NPOについて学びました。そして2000年にNPO法人の認証を受け、親子教室を「子育て支援のNPOまめっこ」に発展させました。「法人化すると、それまで門前払いだった行政などの対応がまったく変わりました」と丸山さんは明かします。

ところが、一方で母親たちの自主的な育児サークルが各地で盛んになり、まめっこの親子教室には人が集まらなくなってきました。参加者からは「毎日まめっこがあったらいいのに」「親子関係が行き詰まったら駆け込める場がほしい」といった声が。求められていたのは、きっちりとしたプログラムをこなす場ではなく、ママたちがいつでも気軽に集まれる場でした。

そのころ、丸山さんは横浜市に視察に行く機会があり、「これだ」と思いました。商店街の空き店舗を活用して、親子が集える「広場」がつくられていたのです。

国もこうした子育て拠点の必要性を認め、「つどいの広場事業」として助成金が付くことになっていました。丸山さんはさっそく地元に戻り、北区の柳原商店街で空き店舗を探して交渉。事務所だったビルの1階を改装し、0～3歳の子どもたちと親のための広場「遊モア」を開設できることになりました。

学生のアイデア取り入れ新事業も

ただ、オープンまでは順風満帆というわけではありませんでした。当初の親子教室をやるつもりで関わっていた人たちは、趣旨が違うとして次々に離れていってしまいました。本来、実施主体であるべき市も、最初はなかなか必要性を理解してくれません。

「国は各地の情報を集めてこうした施設が必要だと認識していました。私たちも現場目線ではもちろん分かっていました。でも、その間に立つべき市が意味を理解できず、動いてくれませんでした。仲間もみんなやめてしまって、そのときが一番つらかったけれど、私はやめるわけにいきませんでした」

そんな思いで丸山さんが2003年のオープンにこぎつけた「遊モア」は、日曜祝日以外の毎日、20組ぐらいの親子が来るにぎわいに。最初はいぶかしがっていた商店街の人たちも、次第に見る目を変えてくれました。商店街のおかみさんたちがボランティアでもちつきやそうめん流しなどのイベントを開いてくれ、逆にまめっこのスタッフは商店街の祭りにボランティアで参加するなど、互いに交流が生まれます。商店街にはベビーカーで歩く親子の姿が多くなりました。

しかし、その中には悩みを深める母親がいます。丸山さんたちは「遊モア」を通じて相談にのってあげ、深刻な場合は市や保健所につなげることもあります。一時期、保育園の非常勤職員も経験した丸山さんは、「保育士だと本当の家庭環境が分からないので、つい親を責めてしまう。普段から家庭の事情を聞いているまめっこのスタッフが、親子の異変に早めに気づいて早めに対処することが大切」と強調します。

こうして、地域や行政に認めてもらえた「遊モア」は北区内3カ所に増え、丸山さんたちは児童館で子育て講座の講師なども引き受けるようになりました。

活動が広がることでボランティアグループもでき、サポート会員や学生もボランティアとして多く来てくれるように。2012年からはそうした学生のアイデアを取り入れ、「家族の絆《きずな》レストラン」を企業や大学の協力で開いています。父親の家事経験を高めるため、レストランで料理をつくってもらい、母親を招待して夫婦の時間を持ちます。その間、子どもは別の家族と遊んで過ごすという、相互子育ての新しい体験プログラムです。

「遊モア」で手遊びを楽しむ親子たち

「最初は私もボランティアでやらざるを得なかったのですが、専門性がないからできることもありました。今は自分たちで事業を起こせるようになり、社会的にも子育て支援員など専門性が求められるようになっています。今の若い人は四年制大学を出てさまざまなスキルを身につけられます。それを子育てにも生かしてほしい」

次の世代に期待をかける丸山さんは2018年、まめっこ理事長の職を後任の中井恵美さんに譲り、退任しました。

（関口）

●――――母親たちによる情報誌の発行

悩み、歩き、
みんなでつくった子育てガイド

MIC　伊藤一美さん

MICの活動に奔走した伊藤一美さん

孤立した子育て変えた「マップ」づくり

「子どもが育つ数年は、母親は我慢するものよ」。ある“先輩ママ”がこう言いました。伊藤一美さんが子育てを始めた昭和60年代はまだ、そんな感覚が当然の時代でした。

パートナーの転勤で名古屋市から仙台市に行き、出産。身内や知り合いからの応援などない、まったくの核家族状態で、初めての子育てをしていた伊藤さん。転勤族の多いマンションで、毎日子どもの成長だけに向き合い、「子育てってこういうもの」と思い込んでいました。

しかし、ある日、たまたま開いた仙台の地元紙・河北新報の広告に目がくぎ付けになります。

「お母さんがお母さんを応援する『子連れママの気晴らしマップ』を一緒につくりませんか」

お母さんがお母さんを応援する？　マップって何？　結婚するまで新聞社の出版部門で働いていた伊藤さんは、ドキドキして問い合わせ先に電話をかけました。知らない土地で出産、専業主婦となり、社会からの接点をまったくなくしていた当時。そこからの出会いが伊藤さんの未来を形づくることになっていきます。

「マップ」づくりの現場では、周りに頼れず自分で頑張るしかない母親たちが、自らの子育てを応援するさまざまな情報をかき集めていました。

「子育て中だからこそお母さんは学ばないと。だから託児付きの社会教育施設がどこか知っておかないとね」「お母さんが病気になったら子どもの面倒は誰が見るの？」「子どもにはいい絵本やおもちゃを与えたいよね。そんなお店はどこにあるかな」……。編集会議ではこんな意見や疑問の声が活発に飛び交います。伊藤さんは初めて託児ボランティアに子どもを託す経験もして、会議に参加しました。おばあちゃん世代のボランティアにおんぶされ、爆睡する子どもの頼もしい姿を見て、一人で子育てしてきた自身を見つめ直す機会にもなりました。

名古屋にも「情報がない！」母親の力結集

しばらくして、伊藤さんの夫が名古屋に戻る転勤が決まりました。マップ制作のメンバーは「伊藤さん、名古屋でもつくるんだよ！」と言って送り出してくれました。その言葉にうなずきながら、心のうちでは「仙台より人口の多い名古屋では、きっと誰かが同じようなマップをつくっているに違いない」とぼんやり思っていました。

名古屋に戻ってから、伊藤さんは第二子を出産。早産気味で身動きの取れなくなったとき、「保育園は働く人だけでなく、子育てが難しくなった人の子を一時的に預かる緊急制度がある」と知ります。しかし、どの保育園がそうした制度に対応しているのか、当時は知るすべがありませんでした。書店に行っても、そんなことが書いてある本は見つかりません。母親向けの全国誌の特集は「子連れでディズニーに行こう」。関東、関西のきらびやかなお出かけ情報はあっても、地元の生活情報には程遠い雑誌ばかりでした。

「気晴らしマップの名古屋版をつくろう」

伊藤さんはこう決意して、仲間を募ることにしました。1992年のことでした。中高生時代の友人や会社時代の同僚などに声をかけます。編集会議のできる場所も必死に探し、託児施設が利用できる「ワーピアつるまい（現在は閉館）」「名古屋市女性会館（現：イーブルなごや）」を見つけました。両施設で「仲間募集」の広告を出すと、同じ思いの母親が市内各所から十数名、集まりました。グループ名は「MIC（Mother’s Information Club、ミック）」と決め、ついに名古屋での活動がスタート。会議を開くと仙台同様、母親たちは堰《せき》を切ったように自身の経験や疑問を話し始めました。

「一人で子育てするのがしんどい人の制度をいろいろ探したい」「子連れでも気がねなく入れる飲食店が知りたい」「思いっきり遊べるところが知りたい」「授乳室やベビーベッドが完備している施設はどこ？」「子どもに安心して食べさせられる食品はどこで買える？」「絵本やおもちゃの専門店は？」……。

ママたちの思いと苦労が詰まった『名古屋エンジョイ子育てガイド』

「こんな本を待っていた」と大反響

「自分たちの知りたい情報は、必ずこの地域で子育てしている多くの母親たちも欲しい情報に違いない」。そう確信した伊藤さんたちは、ワープロで企画書をつくり、出版社を何社も回って企画を提案。いったんは断られた地元出版社、風媒社の女性編集者が「この企画はこれからの女性を応援するもの」と社長を説得し、出版できるめどがたちました。

インターネットが普及していない当時、集めたい情報は新聞などの紙媒体か、ほとんどはスタッフやその友達からの口コミに頼りました。それを一つひとつ、実際に現場を訪ねるなどして検証していきます。2年間、スタッフは子どもの手を引き、名古屋市内を走り回って取材しました。写真も自分たちで撮り、原稿のまとめは子どもを寝かしつけてから。「保育園を一覧で紹介したい」と保育園連盟や区役所に協力を求めると「一覧は区役所にあるから、母親たちがそこまで取りに行けばいい」という対応でした。「そこまで行けない人や、そこにあると知らない人にとって、手元に本があることが大事です」と説得し、協力してもらいました。取材中に「授乳室はありますか」と尋ねたことから、その後に授乳室をつくってくれる施設もありました。

こうしてまとめた情報に手描きの地図やイラストを添えた、手づくり感満載の『名古屋エンジョイ子育てガイド』が1996年に出版されました。「SOS」「暮らす」「学ぶ」「遊ぶ」の4項目に分け、保育園やベビーシッター、託児付きの学習・スポーツ施設、子どもと一緒に楽しめる文化施設などを紹介。それぞれにおむつ替えや授乳スペースの有無も記載しました。

出版社に送り返される読者カードには「こんな本を待っていました！」「とてもパワフルで充実した内容で、視野も広がりました」などの応援メッセージや、「もっといろいろ知りたい」「母子家庭の制度や就業などについての情報を希望」「アレルギーのことも詳しく分かれば」などの切実な言葉が並んでいました。新聞や雑誌などのメディアにも数多く紹介され、第１弾は増刷を３回重ねる当時のベストセラーになったのでした。

休刊後も「意見表明」「社会参画」続ける

出版社からは「ガイドブックというものは必ず情報が風化するから、２年に１回は改編していこう」と提案がありました。その言葉通り、２冊目の『NEW名古屋エンジョイ子育てガイド』を1998年に発行後、「2000-2001年版」「2002-2003年版」……と版を重ね、「2010-11年版」まで出し続けました。

2010年で休刊を決めたのは、そのころにはインターネットの時代となり、より多くの情報がパソコンで見られるようになったのが大きな理由です。

その間、MICは全国の子育て情報誌制作団体と交流したり、転勤族の仲間づくりや防災の講座を自主開催したりするなど、情報誌以外の活動に発展します。伊藤さん自身も取材を通して名古屋にある多くの子ども、子育て支援団体と知り合いました。意気投合した人たちと「子ども＆まちネット名古屋」というネットワークをつくり、2005年には法人化してNPO法人「子ども＆まちネット」の代表に就きました。

伊藤さんはエンジョイガイド時代を「子どもを連れて必死で走っていた。ただそれだけのように思えていました」と振り返ります。しかし、それが今から思うと「自らの環境をよくしたい」と願い、行動する「意見表明」であり「社会参画」でした。かつてのMICのメンバーたちも、名古屋が子育てのしやすいまちとなることを願い、母親たちの「知る権利」や社会参画を確保していたのだと言えるでしょう。

母親は子どもが育つまで我慢するのではない。自ら行動し、声を上げて子育て環境を改善し、自らが生きていく社会を自分たちで変えていく力がある――。そうした意思を引き継ぎ、子どもや若者の権利、社会参画の推進を目指して活動を続ける伊藤さんです。

（水野）

障害者スポーツとボランティア

名古屋の「ハンディマラソン」の意義

2020年夏に予定されていた東京オリンピック・パラリンピック開催とともに障害者スポーツに注目が集まっています。障害者スポーツは、車いすバスケットボールのような激しい運動のものもあれば、ボッチャ*のように、重度の障害者のために考案されたスポーツなど多様です。

名古屋での障害者スポーツとボランティアの歴史をひも解く上では、1984年から毎年開催されている「名古屋シティハンディマラソン」の取り組みが参考になります。「愛知県重度障害者の生活をよくする会」（通称：よくする会、24㌻）が主体となって、名古屋中心部の栄で開催される、障害者自身がランナーとして走るマラソンです。

ハンディマラソンが始まった当時、名古屋市内のバリアフリー化はほとんど進んでおらず、電車やバスなどの公共交通機関も満足に利用できない状況でした。もちろん、まちなかに障害者が使用できるトイレも多くはありませんでした。よくする会は1973年の結成以来、「誰もが住める福祉のまちづくり」を合言葉に障害者用のトイレやスロープの設置を各所に要望するなど、当事者主体の障害者運動を展開してきました。ハンディマラソンもその一環でした。

ハンディマラソンの特徴は、電動車いすに乗って参加する人がいたり、介助者に車いすを押してもらう参加者がいたりするなど、競技性を重視した従来の車いすマラソンとは違う点。順位の有無や障害の有無に関わらず、マラソンを通してお互いの理解を深め、障害者の社会参加を促すのが狙いだからです。

“ボランティアバブル”でも忘れずに

全国的には毎年の国民体育大会（国体）後に「全国障害者スポーツ大会」が、県単位でも「愛知県障害者スポーツ大会」が開かれています。

そうした大会のボランティアには、多くの学生たちが参加しています。ボールを拾ったり、点数を数えたり、タイムを計測したりといった競技のサポートをしながら、参加者と交流。日本障がい者スポーツ協会が定める「障がい者スポーツ指導員」の資格を取る学生も少なくありません。日本でのパラリンピック開催を機に、障害者スポーツのボランティアはますます求められ、そうした若者たちが次の障害者スポーツを支えていくことでしょう。

そのとき、円滑な運営や交流といった目的だけでなく、障害者の社会参加という大きな理念も忘れてはいけません。それは名古屋でハンディマラソンが示した原点であり、ハンディマラソンを共に立ち上げたボランティアは、そうした思いを共有していたはずだからです。

ハンディマラソンが始まった当時と比べれば、まちなかにエレベーターや車いすトイレが多く見られるようになりました。ノンステップバスも走るようになるなど、障害者を取り巻く環境は大きく変化したと言えます。しかし、差別や偏見はまだ消えたわけではありません。

東京オリンピック・パラリンピックによる“スポーツボランティアバブル”が起こる今だからこそ、あらためてハンディマラソンの価値や原点を再認識し、アスリート支援とは違う観点からボランティアの意義を考える必要があるのでしょう。

（柴田）

＊ヨーロッパで生まれた重度脳性麻痺者もしくは同程度の四肢重度機能障害者のために考案されたスポーツで、パラリンピックの正式種目。ジャックボール（目標球）と呼ばれる白いボールに赤・青のそれぞれ6球ずつのボールを投げたり、転がしたり、他のボールに当てたりして、いかに近づけるかを競う。障害でボールを投げられなくても、勾配具（ランプ）を使って自分の意思を介助者に伝えられれば参加できる。（日本ボッチャ協会ホームページ参照）

参考文献

『スポーツ社会学研究19巻2号』「重度障害者のスポーツイベントに関する研究 ―名古屋シティハンディマラソンを事例に―」山崎貴史（日本スポーツ社会学会、2011年）

展開期

展開期（1995年～2016年）どんな時代？

ボランティア元年幕開けも
不安つのる社会の先行き

「失われた20年」に「超」高齢化進展

阪神・淡路大震災で幕が開き、バブル崩壊の影響が残る中でアジア通貨危機、リーマンショックと続き、東日本大震災を迎えた厳しい時代。不況が長期化したことから就職難となり、「失われた20年」とも呼ばれる時期と重なります。特に若者への影響が大きく、非正規雇用者が増大。2008年には「派遣切り」が社会問題化し、年末に「年越し派遣村」も話題となりました。

厚生労働省が毎年行う国民生活基礎調査の「生活の苦しさ・ゆとりさの意識」によると、「大変苦しい」または「やや苦しい」という回答は1995年で計32％でしたが、2014年には過去最大の計62.4％、2016年も計56.5％と高くなっています。子どものいる世帯は平均より高めで、特に母子世帯は計82.7％（2016年）と非常に高い状況。こうしたことも影響して少子化は止まらず、2005年の合計特殊出生率は1.26、出生者数は2015年に初めて100万人を割りました。同年には団塊世代がすべて65歳となり、高齢化率は26.7％に。「超」高齢化、人口減社会に突入しています。

未来への不安が大きい一方、少子高齢社会では地域全体で子育てをしよう、介護予防をしようという考えが広まります。建物などのバリアフリー化は進み、ノンステップバスも普及。バスや電車の中でベビーカーの親子が見かけられ、高齢者が見知らぬ親子に話しかけるほほえましい姿も当たり前に。公立校では思考力（生きる力）に重きをおいて「総合的な学習の時間」が設けられ、学校週5日制が本格導入されました。

コンビニエンスストアの数は1995年ごろから急増し、2000年には「IT革命」が流行語大賞となったようにパソコンやインターネット、携帯電話などが急速に普及して利便性が向上。大型ショッピングセンターが進出する一方で地域のスーパーが閉店したり、商店街が衰退したりして高齢者が「買い物難民」となることが生活課題になり始めました。

震災きっかけにNPOの法整備

阪神・淡路大震災をきっかけにボランティアの裾野が飛躍的に拡大。1998年には特定非営利活動促進法（NPO法）が施行され、公益・非営利の活動をする団体が安定的、継続的に活動しやすくなりました。2000年には介護保険制度が始まり、法人格を有することが要件とされた事業者の多くがNPO法人格を取得。NPOを支援するNPO法人＝中間支援団体も結成され、NPOは社会福祉分野だけでなく、まちづくりや文化・芸術・スポーツ、環境保全、国際協力などに幅を広げていきました。

2001年から5年間続いた小泉政権下では「聖域なき構造改革」が掲げられ、郵政民営化をはじめ規制緩和が進みました。社会保障、社会福祉政策でも構造改革は行われ、措置制度[*1]から契約制度[*2]に、応能負担[*3]から応益負担[*4]に転換すると共に、民間企業などに門戸が開かれました。2009年に政権交代して誕生した民主党政権は「新しい公共」を掲げ、NPOへの優遇税制なども実現。しかし、2年後の東日本大震災では原発事故を含めた未曾有の災害に十分対応できず、再び自民党に政権を明け渡して、後の安倍長期政権につながったことは歴史の皮肉と言えるかもしれません。

（中村）

＊1 福祉サービスを受ける要件を満たしているかを判断し、また、そのサービスの開始・廃止を法令に基づいた行政権限としての措置により提供する制度。
＊2 利用者が福祉サービスの提供者（事業者）との契約に基づいてサービスを利用する制度。
＊3 自分の能力に応じてお金などを負担すること。
＊4 受けた利益（福祉サービス）に応じてお金などを負担すること。

1995年	阪神・淡路大震災
1998年	中央省庁等改革基本法成立、NPO法施行
2000年	行政改革大綱が閣議決定、社会福祉構造改革、介護保険制度開始、「IT革命」が流行語大賞
2002年	公立小中高で週5日制導入
2005年	愛・地球博（愛知万博）開催
2006年	行政改革推進法成立
2007年	郵政民営化
2008年	リーマンショック
2011年	東日本大震災

●――災害とボランティア

被災地に息長い支援
地元では防災の人材育成

レスキューストックヤード　栗田暢之さん

原点は阪神・淡路大震災支援

1995年1月17日に発生した阪神・淡路大震災では、神戸を中心とした被災地に全国から支援が入りました。名古屋からも例外でなく、市内の社会人や学生がボランティアとして大勢かけつけて活動しました。当時、同朋大学の事務職員だった栗田暢之《のぶゆき》さんは、学生たちと共にボランティアとして神戸に通いました。

防災・災害救援の「顔」として全国を走り回るレスキューストックヤードの栗田暢之さん

しかし、大学が大阪市内に設けていた拠点がなくなるなど、次第に活動の継続が難しくなります。一方で、被災者の苦しみや悩みはより深く、個別的になっていきます。

「ここで支援を終わらせるわけにはいかない」

そんな葛藤や使命感を抱えながら活動する人たちが、栗田さんの他にも名古屋に少なからずいました。後にレスキューストックヤード（RSY）の初代代表理事となる西田又紀二《ゆきじ》さんや、常務理事となる浦野愛さんのほか、同朋大学をはじめ日本福祉大学や愛知県立大学の学生と職員、YWCAのスタッフなどです。こうした有志で震災の約半年後に「震災から学ぶボランティアネットの会（通称：ネットの会）」が発足、神戸の継続支援と次の災害での積極的な活動、地元での防災啓発などを方針として、互いにできることを持ち寄って活動を始めました。

そんなネットの会に1996年末ごろ、愛知県から「県内で災害が起こったときの対応について考えたい」と提案がありました。災害時のボランティア活動をよく知る組織として、震災で活躍した県内のボーイスカウトやガールスカウトをはじめ、ネットの会にも声がかかったのです。そして1998年に「防災のための愛知県ボランティア連絡会（以下：連絡会）」が設立され、県と「ボランティアの受入体制の整備とネットワーク化の推進等に関する協定」を結びました。防災関係機関以外の複数の民間のボランティア団体が行政と協定を結ぶのは、全国でも初めてのことでした。

栗田さんは大学職員としての業務で神戸の支援に関わり始めましたが、ネットの会にはボランティアの立場で参加していました。やがて連絡会を含めてネットの会の役割が増え、本業との関係をどうするかなどの整理が必要になってきました。その矢先に、地元で大きな災害が起こりました。2000年9月11日の東海豪雨です。

東海豪雨を経て災害救援NPOに

東海豪雨は発達した前線と台風の影響で、東海地方を中心に各地で記録的な豪雨を観測。庄内川の支流である新川の堤防が決壊するなどして、愛知県内だけで死者7名、重軽傷者107名、床上浸水2万棟以上の甚大な被害となりました。

9月14日、愛知県庁内に「愛知・名古屋水害ボランティア本部」が設置され、ネットの会事務局長だった栗田さんが本部長を務めました。行政の中で、完全な民間の人がこうした形で指揮をとるのは初めてのことでした。栗田さんは「ネットの会があったおかげで、県や市との『顔の見える関係』ができていった」と振り返ります。

栗田さんたちは、名古屋市内外に設置された5つの災害ボランティアセンターと1つの連絡所との連絡調整などを担当。柔軟性やフットワークの軽さを発揮し、各センターのスタッフや約2万人のボランティアと共に日々、被災者のために奔走しました。

ボランティア本部は9月30日で役割を終えましたが、この経験から、災害が起こった後の対応だけでなく、起こる前の日ごろの備えが重要であることがはっきりしました。そこで、ネットの会の中に「ヒト・モノ・カネ」を「救援＝レスキュー」のために「蓄える＝ストック」「場所＝ヤード」が必要だという考えが生まれました。この「レスキューストックヤード構想」の実現と、栗田さんたちに依頼が多くなった講演会などの対応のため、ネットの会は発展的に解散。2001年にレスキューストックヤードが設立され、2002年にNPO法人となりました。RSYが隔月で発行する機関紙「あるある」の名称は「Rescue & Recycle（レスキュー＆リサイクル）」を意味する「R＆R（アール＆アール）」に由来しており、毎号モノの活用方法を掲載しているのは、この構想が原点にあることの表れです。

RSYの最初の事務所は千種区でした。栗田さんは同じ建物内に入居する他のNPOの関係者や、自身が「恩人の一人」と呼ぶ「中部リサイクル運動市民の会」創設者の萩原喜之さんなどから多くのことを学び、活動を進めていきました。

名古屋市も東海豪雨の経験から、災害時にボランティアを適切に割り振れる「コーディネーター」の必要性を感じ、2001年から「災害ボランティアコーディネーター養成講座」を開設。第1回の企画運営がRSYに任せられました。栗田さんたちはそれまでのノウハウや経験を生かして「現場の生の声を聞く」「災害ボランティアセンターの実際」「平常時の防災活動の必要性」を3つの柱にして企画を立てました。これが好評となり、講座は15年以上続いて1,000名以上のコーディネーターを養成しています。

「地元」と「継続」忘れずに活動

2009年には各区の災害ボランティア団体による「なごや防災ボラネット」が発足。RSYはその事務局となり、名古屋の防災分野では欠かせない存在になりました。全国でも被災地支援や防災に関する講演、講座を年間に百回以上もするなど活躍の場を広げていきます。

そうして活動が質・量ともに拡大していく中でも、栗田さんたちが大事にするのは「地元」と「継続」です。

「地元に期待されないNPOは存在意義がない」。栗田さんのこんな思いから、最初に事務所を置いた千種区内の東山学区では、お年寄りの家の家具を地震で揺れないように固定するボランティア活動や、子どもたちも参加できる1泊2日の避難所体験などを企画。その実績が認められ、設立8年目に事務所を東区へ移転することになったときには、東山学区からRSYに感謝状が贈られました。

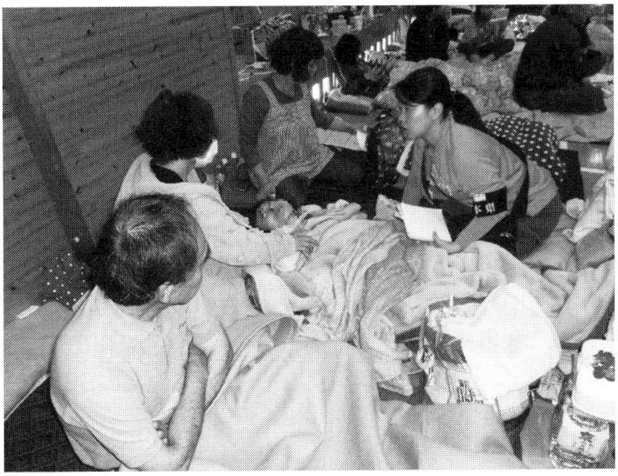
2016年の熊本地震で避難所の環境を見回るRSY常務理事の浦野愛さん

現在も事務所の壁にかけられた感謝状は「われわれの宝」だと栗田さんは言います。東山学区はその後も2016年の熊本地震の際、住民に呼びかけて集めた活動支援金をRSYに託すなど、応援を続けています。

地元との関わりでは、現在の東区でも地域のための活動を積極的にしています。企業が多い地域であることから、地元の事業所の集まり「久屋大通発展会」と共にシェイクアウト（3分でできる防災訓練）などに取り組んで関係性を築いています。

被災地支援についても同様で、過去に縁のできた被災地には長く関わり続けています。

「一定の期間が過ぎれば、関係性はもはや支援というより交流という言葉の方が近い。被災地を超えて、今度はこちらで災害があったら、絶対に応援してくれる」と栗田さんは信じています。

活動を継続するためには、ボランティアに長く関わってもらうことも欠かせません。2011年に発生した東日本大震災には、RSYが手配をしたボランティアバスに延べ約4,000名のボランティアが参加しました。

直接現地に行かなくても、被災地に送るボランティア用資器材の出し入れや、機関紙の発送作業など、多くの場で幅広い年代の人が参加しています。

ただ、実際に参加するのは短期間の人がほとんどです。長く関わり続けて、ボランティアがボランティアらしい自由な発想で柔軟に活動できるような環境を整えることは、大きな課題の一つとなっています。

栗田さんは、神戸に連れて行った学生たちから想像力と行動力、創造力の底力を教わりました。学生たちのひたむきに活動する姿を通して、「ボランティアってこんなに奥深いものなんだ」と知ったそうです。

現在は会議への出席などが多いですが、「本当は自分が現場に入りたい。足湯ボランティア（138㌻）のようなことが好き」としたうえで、栗田さんは自分の役割をこう表現します。

「今は全体を見渡す『鳥の目』にならなきゃいけない部分がある。私自身は虫の目で学んだ人間だけれど、虫の目でばっかり見ていると、やはり全体が見えなくなる。両方のバランスをとって『虫の目を大事にする鳥の目』でありたい」

今後いつ起こってもおかしくなく、名古屋でも甚大な被害発生が予測されている南海トラフ地震。これから防災に関わろうとするボランティアに、栗田さんは「被災地には困った人たちが目の前にたくさんいる。そうした人たちに、自分たちのできる範囲で勇気を持って関わっていってほしい」とメッセージを投げかけました。

（陸川）

●——災害とボランティア

被災地の「仲介役」経験
地域の備えと仲間づくりに

災害ボランティアコーディネーターなごや　髙﨑賢一さん

ふと見た広報で「養成講座」受講

ボラコなごやの代表を務める
髙﨑賢一さん

髙﨑賢一さんは港区の生まれ。1959年の伊勢湾台風のときは小学4年生でした。夜中の激しい風雨や、一夜明けて水に浸かったまちが自身の原体験としてあります。しかし、大人になっても災害ボランティアに特別な関心は持たず、会社勤めに励んでいました。

そんな髙﨑さんが2002年、ふと市の広報を見ていると「名古屋市災害ボランティアコーディネーター養成講座」の募集記事が目に入ります。1995年の阪神･淡路大震災で「災害ボランティア」の言葉は一般的になりましたが、「コーディネーター」とはどういうことなのか。髙﨑さんは、とりあえず「防災を学ぶことで地域に貢献できたらいい」と講座を申し込むことにしました。

養成講座は市の主催でしたが、企画運営はこの年に発足したNPO法人レスキューストックヤード（RSY）が担っていました。

災害時に設けられるボランティアセンターでは、全国から駆け付けるボランティアを受け付け、被災者の要望を集約して、両者を結びつけるマッチングが必要です。大災害時はセンターの運営を担う社会福祉協議会の人手だけではとても足りません。そこで求められるのが「コーディネーター」役のボランティア。しかし、これはその場で簡単にこなせる役回りではないのです。

講座では防災やボランティアセンターの基礎知識から、RSY代表理事の栗田暢之さんらが実際の被災地で直面した体験談などを聞き、ボランティアコーディネーターの役割を学びました。

1泊2日の講座を終えた受講生約50名は、それぞれに危機感や使命感を持った様子。受講後、「この講座で学んだことを生かすために組織をつくろう」という声が上がりました。それが「災害ボランティアコーディネーターなごや」、略称「ボラコなごや」発足のきっかけ。発起人の1人として参加した髙﨑さんは設立2年目、周りから推される形で代表になりました。

さっそく新潟のボラセンへ

災害ボランティアセンターの運営支援と日常的な防災啓発活動を目的に発足したボラコなごやは、さっそく2004年に大きな節目を迎えました。この年の夏は、日本列島に台風が10個も上陸し、各地で水害が立て続けに起きたのです。

現地の支援に入ったRSYから、ボラコなごやにコーディネーターの派遣要請が入りました。髙﨑さんは、先陣を切って新潟県三条市へ。初めての現場で不安を抱えながらの活動でしたが、死者9名が出た現地の惨状を目にすると「やるしかない」という気持ちがわき上がりました。地元の人には災害対応の経験がほとんどなく、名古屋の講座で学んだことがそのまま役立てられました。他のメンバーも兵庫県豊岡市などのボランティアセンターで奮闘します。10月には震度7の揺れが襲った新潟県中越地震が起こり、各地から集うボランティアの力を被災者に有効に届けるボランティアコーディーネーターの役割が実感できました。

こうした学びや気づきは後日、ボラコなごやの内部で共有され、各メンバーのその後の支援活動に生かされました。

もう1つの活動の柱である市民向けの防災啓発は当初、どう進めていいのかわからず、悩みの連続でした。

「地元を災害に強いまちにしたい」「講座で学んだ知識と被災地での体験を地元に伝えたい」と思って地元での活動を進めた髙﨑さんですが、発足時はまだ市民の防災に対する関心は低く、講師依頼から会場確保までをすべて1人で準備して防災講演会を開いたことも。

民生委員と一緒に、ひとり暮らしの高齢者宅を回り、家具の転倒防止も進めました。これには3年ほどの時間がかかりましたが、多くのメンバーが関わることで、それぞれの地域での取り組みにつながりました。

その後、市内で啓発活動が定着した背景には、各区で災害ボランティア団体が設立したことが大きく影響しています。

2003年8月には守山区、同年11月には髙﨑さんの地元、港区で結成され、他の区でも続きました。設立時にはメンバーがみんなで応援に行き、区役所や区社協との連携の仕方もノウハウを共有。「困ったときには支え合う」「無理が聞ける、無理が言える」といった、災害時にも有効な共通認識や関係性がそれぞれの地域で築かれていきました。

「解散」乗り越え、ゆるやかな会に

2005年には、市の担当部局の積極的な取り組みもあって、ボラコなごやと各区の団体、市が「災害時における一般ボランティアの受け入れに関する協定書」を締結。翌年には「なごや災害ボランティア連絡会」が結成され、各団体と市、市社協の担当者が毎月１回の定例会を開催。2009年には16区すべてに災害ボランティア団体ができ、「ボラコなごやの役割は終わったのではないか」と感じた髙﨑さんは、メンバーに解散を提案しました。

しかし、解散するのはもったいないと言うメンバーも多く、何度も議論を重ねた結果、「連絡会は情報伝達や情報交換の場として必要だが、ボラコなごやは何でも自由に話し合える場。ステップアップの学びの場にもしてほしい」と存続することに。情報共有のメーリングリストは継続して、毎月開いていた定例会は隔月に、会費も取らない方針にしました。現在は130名ほどがメーリングリストに登録し、毎年の養成講座受講生の歓迎交流会や勉強会、報告会を中心に誰でも参加できるゆるやかな団体として活動しています。

「ボラコも各区での活動も、試行錯誤を重ねながら積み重ねてきたものばかり。その中で胸を張って言えるのは『活動を継続してきた』こと。防災の取り組みをしたいとき、『あそこに頼めばなんとかしてくれる』と思ってもらえる信頼感、安心感があって、それに応えてきたから。まさに継続は力です」とこれまでを振り返る髙﨑さん。

防災イベントの目玉となる防災ファッションショー

発足時は地元の町内会で体育委員でしたが、養成講座で学んだことを伝えたところ、翌年度には自主防災会の会長になってほしいと依頼が。それから十数年、自主防災会長職を兼ね、さらに会社を定年退職後は、障害者の妻と立ち上げた福祉事業所を経営しながらの活動でした。

「多くの仲間と知り合い、つながりのできたのが大きな財産。苦労はあったけれど、共に悩んで共に努力してくれる仲間がいるから耐えられた。ひとりぼっちでは続けられない」と笑顔を見せます。

一方で課題はメンバーの高齢化。髙﨑さんも含め60代から70代のメンバーが多く、病気などによるリタイアも増えつつあります。養成講座の新規受講生も先細りが懸念されており、髙﨑さんは「市内各地から地域防災を担う人材を講座に送り込んでもらえる仕組み」を望んでいます。

いつか必ず起こる大地震への備えに、ボラコなごやの知識と経験、そして人とのつながりは欠かせません。それを名古屋でどう生かすか、ボランティアという枠を超えて問われています。

（陸川）

●——災害とボランティア

高校生たちが「友達」のように届ける支援

被災者応援 愛知ボランティアセンター　久田光政さん

東海高校の教諭をしながら、被災地支援活動に関わり続ける久田光政さん

街頭募金で3日間に100万円

阪神・淡路大震災ではさまざまな若者たちが「何とかしなきゃ」と動きました。多くの高校生もです。

地震発生翌日の1995年1月18日。東海高校（名古屋市東区）の生徒会の生徒たちは、さっそく街頭で募金活動を始めました。その生徒の様子を見ていた教諭の久田光政さんは、顧問を務めていた愛知県高校生フェスティバル実行委員会のメンバーにそれぞれの高校の様子を聞いてみると、同じように募金をしているようでした。そこで、実行委の生徒が一斉に街頭に立つことにすると、二十数校の制服で並ぶ姿に道行く人の注目度は増し、週末の３日間で100万円近くが集まりました。

震災の犠牲者は6,434名。中には久田さんが接する中学生や高校生と同じ年代の子どもたちが数百人単位でいました。もちろん親をなくした子どもたちも大勢いるはずです。久田さんは中高生の子どもがいそうな30～40代の犠牲者数に、平均的な家庭の子どもの数をかけ合わせました。すると500～600名の親を失った子、つまり「遺児」がいると計算できました（その後、正確には573名だとわかりました）。そのうち中高生は約6分の1の100名前後と推定し、1人10万円を渡すなら……と考え、募金は1,000万円まで集めることを目標に掲げました。同時に、活動団体の名称を「阪神淡路大震災でお父さんお母さんを亡くした中学生高校生に奨学金を贈る中学生・高校生の会」としました。

「長いけれど、活動そのままのわかりやすい名前にしました」と久田さん。略称は「震災奨学金を贈る会」、または「贈る会」に落ち着いていきました。

現地にも通い続け、可能性見出す

会は2月に正式発足。募金活動だけでなく、現地でのボランティアも経験しようと、名古屋からボランティアバス2台で100名の高校生が神戸へ行き、中央区の中学校で炊き出しをしました。

春休みには3泊4日を基本に3便連続、計9泊10日の長期滞在で活動をしました。宿泊場所は「今では考えられないですが、現地の学校の校長が教室を使ってもいいよとOKを出してくれました。以来、そこを拠点に毎回80名ぐらいが名古屋から参加できるようになりました」と久田さんは明かします。

継続的に活動することで、炊き出しに必要なものは農協などに電話してお米をもらったり、それぞれがやることを黒板に書いて分担したりするなどのスタイルができました。それらは、その後の久田さんたちの活動に引き継がれていきます。

名古屋での募金活動も、毎月17日に「17日募金」として実施。当時は携帯電話がまだ普及せず、もちろんLINEなどもありません。学生たちは「午後5時から7時まで、場所は三越の住友銀行前」など、時間と場所だけを決めて、その通りに集合しました。中には茶髪の高校生もいたそうですが、そんな「今どきの子」も街頭で頑張っているからと、100人に1人は足を止め、募金箱にお金を入れてくれました。「寒かったけれど、心は温かった」と久田さん。こうして、1年間で1,000万円の募金が集まりました。

奨学金（阪神大震災孤児遺児激励金）は、1年目は兵庫県の教育委員会を通して126名に1人6万円、2年目からは県教委の協力を得られなくなったため、兵庫県南部地域の中学、高校約400校に直接案内を送り、43名に8万円ずつを支給。以来、毎年募金と支給を続け、2013年度までの19年間、延べ555名に総計3,144万円を支給しました。

生徒はどんどん代替わりをしていきます。活動は先輩から後輩へと受け継がれていきますが、現地を知らないまま募金を呼びかけても「言葉が空疎になる」と久田さんは感じました。そこで年2回は神戸を訪れ、「今」を学ぶ「神戸フィールドワーク＆ボランティア体験ツアー」を始めました。主な活動場所は神戸市長田区のカトリック鷹取教会や野田北部街づくり協議会、そして兵庫県芦屋市の震災孤児・遺児の心のケアハウス「浜風の家」。神戸では火災で壊滅した地域の復興を学び、芦屋の浜風の家では子どもたちと徹底的に遊びました。

阪神・淡路大震災後の神戸で高校生たちが実施した炊き出し

「被災地の子どもたちは普段“いい子”でいる反動で、私たちが来るとものすごく体を使って遊びたがります。その子たちと同じレベルで遊べるのは中学生や高校生だからできること」。久田さんはこうした子どもたちを見て、中高生による災害ボランティアの可能性を広げていきます。

東日本でも経験生かして「心配り」

2000年に地元の愛知県で東海豪雨が発生しました。ボランティアセンターがまだ立ち上がっていなかった西枇杷島町（現：清須市）でも高校生たちが5人1組、10チームで現場に入って活動をしました。

2004年には三重県などで大きな水害が起こり、10月には新潟県中越地震が発生。それぞれにボランティアバスを出しました。中越では冬休みに高校生たちが現地入りし、仮設住宅で子どもたちの相手をすることにしました。ある高校生は「子どもがいる仮設住宅は、玄関に子ども用の傘があるかどうかで見分けられる」とうれしそうに発見しました。まさに「生きた教育」でもあると、久田さんは実感します。

2011年3月11日、東日本大震災が発生しました。未曾有の災害に日本中が混乱しましたが、久田さんたちはまず名古屋で応援物資を受け付け、ひたすら仕分けることにしました。神戸や中越で大量の中古品が支援物資として送られ、現地が大変だったのを知っていたからです。

場所はイベントなどで縁のあった東別院（真宗大谷派名古屋別院）を借りら

れました。物資を受け入れる際の名称は「被災者応援 愛知ボランティアセンター」に。社会福祉協議会のボランティアセンターとは別物ですが、あえて同じにしつつ、「支援」でなく「応援」という言葉で「被災者と友達になるように励まそう」という意味を込めました。

神戸以来の活動に携わってきた「贈る会」のOBたちが次々に協力を申し出てくれました。物資が集まったら、さっそくボランティアバスを手配。神戸でつながりを持った被災者の紹介で、宮城県石巻市へ入りました。

炊き出しをするときは、汁物だけでなく新鮮な生野菜も。女性の下着を提供するときはパーティションをつくって……。過去の教訓を生かした丁寧な活動を心がけると、当初は怪しんでいた避難所の人たちの目も変わりました。

牡鹿半島を回り、十《く》八《ぐ》成《なり》浜という地域にたどり着きます。小さな漁師町で、ひとり暮らしの高齢男性も少なくありません。仮設住宅に入ると引きこもって、孤独死の恐れも高まります。そこで、炊き出しで弁当をつくり、届けることにしました。ボランティアの中に「心配り班」を結成して、注文書を全戸に配りながら安否確認、弁当を届けるとすごく喜んでもらえました。そうした十八成浜での活動は、4年間に及びました。

一方で、神戸と並行して震災孤児・遺児の応援活動も東北向けに実施。毎月ワンコイン（500円）を寄付する「ワンコイン・サポーターズ2万人プロジェクト」として呼びかけ、2018年度までの8年間に総額4億4,759万円が集まり、延べ6,606名の子どもたちに応援金を贈っています。資金管理のために愛知ボラセンはNPO化。その後も毎年のように起こる災害に対応しています。

久田さんは、悩み続ける高校生をいつも間近で見てきました。被災地では同じ「傷」を持っていないとわかり合えないと思われがちです。しかし、それを乗り越えて、高校生たちは現地に溶け込み、「友達」を増やしていきます。

誰かからやらされたら、そうはできません。「ボランティアは主体的にやる。そういう活動の柱があったから、20年以上も続けられている」。そうして今も教師活動のかたわら、子どもたちを被災地に送り出すことを生きがいとしている久田さんです。

（関口）

ボランティアバスの先駆け・名古屋オイルバスターズ

故郷の海を放っておけない

大きな災害が起こると、被災地内外から多くのボランティアが集まり、復興支援活動に参加するようになりました。しかし、災害が起こった後は、公共交通機関が使えなかったり、道路が通れなくなったりします。また、現地まで行く交通費がかさむ問題もあります。そこで、NPO やボランティア団体が移動手段や宿泊先を確保した上で、ボランティアを募集して被災地に行くようになりました。このような災害時のボランティアツアーではバスを使うことも多く、ボランティアバス（ボラバス）と呼ばれています。東日本大震災では、すでにあった団体だけではなく、市民が仲間を広く募って被災地に向かう例もみられました。このように、バスを利用して被災地へ向かう動きが本格的に始まったのは、「ナホトカ号重油流出事故」からだと言われています。

1997年1月2日、日本海の隠岐島沖でロシア船籍タンカー「ナホトカ号」の船体が破断、沈没しました。その船首部分が1月7日午後、福井県三国町安島の沖200メートルに漂着。その影響で、越前加賀海岸国定公園に面した海岸は真っ黒い重油に覆われました。福井では、延べ4万人を超えるボランティアが重油回収作業に加わりました。

名古屋エリアでは当時、名古屋大学の2年生だった内田隆さんが動き出しました。福井県出身の内田さんは、真っ黒に変わり果てた故郷の海岸の姿をテレビで見て、「海はどうなってしまうのか」と不安になり、実家に連絡します。すると「福井はパニックになっている」との答え。すぐに環境サークルのメンバー3人と重油回収のボランティアに向かいました。現場に着くと、強烈な油のにおいが鼻をつきました。それはテレビや新聞で見ているだけではわからないことでした。地元の人や全国から集まった多くのボランティアと共に、カッパを着て長靴を履き、ゴム手袋をして重油の入ったバケツをリレーしていきます。しかし、いくら回収しても次から次へと重油は漂着し、終わりがないように思えました。

もっともっと人手がいる！

内田さんは、一緒に活動するボランティアを集めることにしました。電車で行くと費用もかかり、気軽には行けません。そこでボランティアが集まってバスをチャーターし、現場に向かう計画を立てました。それが環境サークルの仲間や市民団体の人と立ち上げた「名古屋オイルバスターズ」です。

マスコミやインターネット、口コミで参加者を募集すると、格安の参加費（バス代2,000円）、日帰りでの活動、持ち物の適切な指示がよかったのか、数多くのボランティアが集まりました。「地元のお年寄りだけに任せておけないから」「福井には毎年、海水浴に行くから」など、それぞれの動機がありました。

オイルバスターズは2月初めから4月の初めまで、2カ月間にわたって日帰りバス計40台を運行し、延べ1,524名ものボランティアが重油の回収作業に参加しました。

また、バス代へのカンパとして300万円以上が集まり、はじめは2,000円だったバス代を1,000円に、最後には無料にできました。

内田さんは、この活動で数多くの「ボランティア予備軍」の存在に気づいたと言います。

「社会のために何かしたいという人はたくさんいますが、一歩踏み出すのには高いハードルがあります。オイルバスターズはそのハードルを下げるのに役立ったのではないでしょうか」

いったん「ハードル」を越えてしまうと、他の活動にも参加しやすくなります。実際、オイルバスターズの経験者は、その後もさまざまなボランティアに関わっているそうです。

（佐原）

紆余曲折で整備された情報の拠点・
ボランティア情報コーナーから
名古屋市市民活動推進センターへ

市に働きかけ続けてできた「情報コーナー」

今では各地に当たり前にあるボランティアセンターやボランティア情報の得られる拠点。それらが充実するまでには紆《う》余《よ》曲《きょく》折《せつ》の歴史がありました。

名古屋の民間ボランティアの窓口だった「ビューロー」が名古屋市総合社会福祉会館の開館に合わせて「センター」となったのが1982年（49㌻）。しかし、まだ福祉関係のボランティアを中心とするなど機能としては不十分だったため、なごや婦人ボランティア協議会を結成していた野村文枝さんたちは1984年、市長や市の幹部と意見交換を行う「市政懇談会」で、幅広い分野をカバーする公的なボランティア情報の窓口を設けてほしいと要請しました。市は「全区には難しいが、市に一つぐらいは検討したい」と回答。翌85年には「ボランティアの窓口を検討する懇談会」ができ、市の総務局や民生局から4名、協議会からは野村さんら24名が出席して議論が始まりました。

野村さんたちが求めた「窓口」は、誰もが来られるまちなかにあり、相談やコーディネート、情報の調査・収集・提供の機能があるところ。運営面では民間が主体となる「公設民営」が提案されていました。

しかし、すぐには進展が見られません。野村さんたちは他のボランティアグループとの意見交換会を開いたり、アンケート調査をしたり、市の担当者と一緒に山梨や大阪、京都の例を見に行ったり。女性ボランティアだけでなく、男性を巻き込んだ「ボランティアの情報窓口設置準備会」も結成しました。

こうした活動が実って、名古屋市はやっと重い腰を上げ、1991年度の予算にボランティアセンター設置準備費を計上。翌92年には中区役所6階の一角に「ボランティア情報コーナー」を開設し、1995年度にはボランティアセンターを設置する計画を発表しました。

野村さんたちはここで一気にボランティアのネットワークを広げようと、準備会の名を「ボランティアネットワークなごや」と改称。民間でボランティアセンター機能のあった「あさみどりの会」（20㌻）や「中部善意銀行」（34㌻）などを訪問し、窓口にどんな機能が必要かをあらためて調べました。そして市に働きかけ始めてから実に13年。1995年11月17日、伏見地区の再開発ビル「伏見ライフプラザ」の12階に市直営の「名古屋市ボランティア情報センター」が設置されたのです。

ところが、このセンターには提案されていた公設民営による運営体制も、ボランティアコーディネートなどの機能もなく、情報の収集と発信、貸室機能に限定されていました。将来的にボランティア活動と市民活動の垣根がなくなることを見据えて、名称を「市民活動情報センター」にしたら、という案も反映されませんでした。

時代の流れ受け
「ボランティア・NPOセンター」に

ちょうど時代は阪神・淡路大震災でボランティアが活躍し、NPO法が成立する流れに入っていました。市が1999年に設置した「名古屋市NPO懇話会」では、「名古屋市ボランティア情報センターを市民活動団体に対する活動支援機能を有する拠点施設として発展的に改組する」との提言が出されました。

これを受けて2002年4月、情報センターはボランティア活動やNPO活動を促進する施設として「なごやボランティア・NPOセンター」に改組。同時にNPO活動経験のあるアドバイザーが5名配置され、活動相談やボランティアコーディネートを担うようになりました。

また、センターからNPOに市民活動促進の事業が委託されるようにもなります。野村さんたちの提案から20年が経ち、ようやくボランティア促進のための事業やコーディネート機能が与えられることになりました。センターの情報誌「ぼらんぽ」の編集は「ボラみみより情報局」（104㌻）が、ボランティア・市民活動促進イベント「ぼらんぽパーク2002」は中間支援NPOの「ボランタリーネイバーズ」が受託しました。

2003年には、当時の小泉政権が推し進めた「官から民へ」の流れの中で大きな変化がありました。それまで公的施設は公共団体・公共的団体しか管理運営できませんでしたが、NPOや企業もできるようにした「指定管理者」制度が始まったのです。

名古屋市で最初に制度が導入されたのが、なごやボランティア・NPOセンターで、受託したのは「ぼらんぽセンターコンソーシアム」。ボランタリーネイバーズ、名古屋NGOセンター、ボラみみより情報局の3つのNPO法人の共同事業体です。2004年度から当初の4年間、センター長に就くことになったのが本項の筆者である織田でした。

2005年度からは名古屋市社会福祉協議会との連携事業が始まり、2006年度からはセンターの運営にボランティアが関わるようになり、利用者は増え続けました。一方で、行政の市民活動

1984年	名古屋市市政懇談会で、センター設置の提言
1992年	名古屋市中区役所にボランティア情報コーナー開設
1995年	名古屋市ボランティア情報センター開設
2002年	なごやボランティア・NPOセンター改組
2004年	なごやボランティア・NPOセンターに指定管理者制度導入
2012年	名古屋市市民活動推進センターへ改組、公設民営から直営に

担当職員は直営時代の4名から兼務の1名に減少、予算も半額以下に抑えられ、市のNPO政策は進まなくなってしまいました。とても憂慮すべき事態でした。

ちょうど、NPO法人の認証事務が愛知県から政令指定市である名古屋市に移る制度変更の話も聞かれ、織田はこのタイミングでセンターを直営に戻すべきだと考え、市の担当者とも協議を重ねました。

指定管理者制度にも、公営にも賛否

ところが、指定管理の2期目に入る2008年。ぼらんぽコンソーシアムは審査で東京のNPO法人「ワーカーズコープ」に敗れ、センターの運営を離れることになりました。運営者の交代でセンターの利用者層も変わり、評判もさまざまあったようです。一方で、センターを離れることになった関係者たちは、3期目の指定管理を取り戻そうと新たにNPO法人を立ち上げました。

その後、実際に認証事務の一部が愛知県から名古屋市に移るとき、センターの運営は市直営に戻し、場所は県の施設を借りて一緒に事務をしようという案も出ていたようです。しかし、県と一緒になってしまえば、市の予算や人員はさらに少なくなり、NPO施策が小さくなることが懸念されました。

結果的に2012年4月、市はなごやボランティア・NPOセンターの指定管理を直営に切り替えた上で、栄ミナミ地区の商業施設「ナディアパーク」の一室に独立した「名古屋市市民活動推進センター」を開き、再出発しました。センターの人員は倍以上、予算規模は4倍に増えました。一方で、せっかく野村さんたちが理想としていた公設民営の形が「公設公営」になってしまうことになり、「時代に逆行する」という批判の声もあったようです。ボランティアの情報窓口はどんな形が最適なのか、これからも模索が続くでしょう。

（織田）

●――ボランティアをつなぐコーディネート

理想の情報誌追い求め
試行錯誤の20年

ボラみみより情報局　織田元樹さん（本書編纂委員）

「情報がない」を何とかしたい

ボラみみより情報局を立ち上げた
織田元樹さん

織田元樹さんは1991年ごろ、仕事のかたわら何かボランティア活動をしようと思い立ちました。当時は携帯電話もインターネットも普及していません。1年がかりで人づてに情報を集め、仲間入りしたのがボランティアサークル「ありんこ」。1966年から活動し、青年学級事業などを請け負っていたボランティア団体でした。

その「ありんこ」をきっかけに他のボランティア団体と交流をすると、どの団体からも「ボランティアが足りない」との声を聞きました。織田さんは「きっと僕のように、ボランティアをしたいけれど情報がなくて始められない人が多いのだろう」と思いました。

そこで「求人情報誌のボランティア版」があればいいのではないかと、名古屋市社会福祉協議会や1995年にできていた名古屋市ボランティア情報センターなどに相談しに行きました。最初は「ほとんど相手にされなかった」そうですが、織田さんは粘り強く説得や調査、提案を続けました。

やがて、北海道で「月刊ボラナビ」というボランティア情報のフリーペーパーが発行されていることを知りました。1998年に札幌の団体が道内のボランティア情報を掲載するため創刊。1万5,000部を発行してスーパーや書店に置き始めたそうです。

「こんなものがあったんだ」と感動した織田さん。同時に「どうやってつくっているんだろう」という疑問もわきました。「一つの団体でできるものではないので、ボランティアの連絡協議会のようなものがあるのだろう……」。とにかく発行団体に話を聞いてみようと1999年の夏、北海道までバイクで行くことにしました。ちなみに織田さんはもともとバイクが趣味で、ツーリングとして北海道をよく走っていたそうです。

北海道でショック、「やるしかない」

発行元の「ボラナビ倶楽部」は十数人の市民団体でした。代表の森田麻美子さんは、織田さん同様にボランティアをしようと考えて情報が足りないと気づいた一人ですが、驚くのはその行動力。情報誌の発行を思い立ってから3カ月間で仲間を集め、実際に創刊してしまいました。企業を回って寄付金を集め、自ら配布先も開拓してあっという間に事業も軌道にのせてしまったというのです。

「その話を聞いて札幌のホテルに戻ったときは、食事ものどを通らないくらいショックでした」。織田さんは「自分にはできない」と思う一方、「とにかくやるしかない」と決意もわき上がりました。そして名古屋に戻ると、「こういうものが必要だ」ではなく、「これを名古屋でもやりますから、手伝ってください」と一人ひとりに声をかけていきました。

結局、集まったのは「ありんこ」のメンバー計4名でしたが、最初の会議でB5版16ページの情報誌を月1万部の目標で発行することを決定。任意団体「ボラみみより情報局」としてスタートしました。その4カ月後の1999年11月には、創刊準備号「ボラみみ11月号」を2,400部発行。翌2000年には第2弾として「ボラみみ2月号」を5,000部発行しました。

問題は配布先でした。栄や名駅の書店に設置をお願いに行くも「全滅」。ようやく東区の正文館書店が初めて置いてくれることになり、「一筋の光が差したようだった」と織田さんは振り返ります。その後、名古屋市社協や各区社協にも配布の了解を取り付けて2000年4月、ついに正式な創刊号である「月刊ボラみみ」を発刊、目標の1万部を印刷しました。

しかし、まだ配布先の開拓は十分でなく、半分以上が事務所に山積みという状態でした。そこで、ボランティアスタッフに各企業や団体ごとの説明書きなどをまとめた「配布先開拓セット」を渡し、方々を回ってもらいました。ある大学生ボランティアは自宅から大学に通う電車を1駅ずつ降りて駅前の店に頼み込んだり、名古屋市内のすべての商店街の理事長らに電話や郵送をしたり……といった"営業力"を発揮し、徐々に配布先は増えていきました。

2019年7月発行のボラみみ20周年記念号

情報の質保ち、信用獲得

掲載するボランティア情報も、必死でかき集めました。毎月20件ほどの情報を仕入れ、チェックして、掲載します。最初は情報や文章の間違いもよくありました。しかし、次第に校正の仕組みが整ってミスは減り、どんな項目をどれくらいの文字数で載せるかといったフォーマットもできていきました。

また、同じ団体は連続して載せないなどのルールも確立。「情報は"生もの"で、古い情報がいつまでもあってはダメ」との考えからだそうです。

「団体から送られてきた情報もそのまま載せるのではなく、漢字表記などを統一し、わからないことがあったらちゃんと聞く。そうして情報の質を保ってきました」と織田さん。ただし、「すべては優秀なボランティアがやってくれたから」だとも言います。

2001年にはホームページを開設。同じ年には日本財団からの助成金を得られ、名古屋市からボランティア情報センターのガイドブックを企画、編集、制作する委託事業も任されました。

しかし、財政はいつも火の車。2003年にNPO法人化しても赤字が解消する見込みはなく、織田さんは2004年に自分の仕事をやめてボラみみの運営に専念することにしました。なごやボランティア・NPOセンターの指定管理者となったり、ヤフーやトヨタグループに情報提供をしたりといった試行錯誤を経て、黒字となったのは2011年、東日本大震災を受けて災害支援関係などの仕事の依頼が増えてからです。そして2019年には創刊20年の節目を迎えられました。

「ボランティアが行動する背景には、さまざまな社会問題があります。それに気づいてもらうきっかけとしてボラみみを発行してきました。ボラみみの情報を見て、実際にボランティアに参加するなどして行動する人たちは年間500名ぐらいの計算。創刊から20年で1万名に上ります。それだけの人たちが社会課題の解決に動いていることをもっと伝えられれば」と織田さんは先を見据えます。

紙媒体や情報誌という枠を超えて、織田さんたちが「伝える」ことの挑戦はまだまだ続きそうです。

（関口）

●———食事サービスとボランティア

「人のため、自分のため」
地域で続く配食サービス

清水なかまの家　近藤加津子さん、近藤京子さん

「清水なかまの家」で高校生ボランティアと談笑する近藤加津子さん

「食」テーマのシンポで野村さんと合流

若いときはすごく仲のよかった夫婦がいました。しかし、年をとってどちらも食事がつくれなくなりました。そこで、夫婦の子どもたちが面倒を見ると言ってくれましたが、横浜と九州にいて、どちらも１人を引き受けるので精いっぱい。結局、夫婦はバラバラに引き取られることに……。

近藤加津子さんは、医師である夫からこんな患者の話を聞きました。

「食事さえしっかりとれれば、住み慣れた地域で、見慣れた顔ぶれの中で老いを迎え、死をまっとうすることができるのに……」。加津子さんはこんなふうに考えて、心を痛めました。

同じころ、「地域福祉を考える会」（54㌻）を立ち上げていた野村文枝さんも、食事の支度ができなくなって施設に入所する高齢者の話を聞き、生活支援型の配食サービスを実現できないかと考えていました。

そんな２人が1991年11月、食をテーマとしたシンポジウムで出会いました。主催者だった野村さんから「事業として参加する方は名前と連絡先を書いて」との呼びかけに加津子さんが応えてのことでした。当時、シンポジウムの事務局を担当していた近藤京子さんは、加津子さんに「お会いしましょう」と、野村さんと２人で手紙を書いたことをはっきりと覚えています。

野村さんと2人の近藤さんたちによって、翌92年7月に「食事サービス事業研究会」が発足しました。名称に「事業」の二文字を入れたのは、研究するだけでなく「実施しよう」「事業化しよう」との覚悟を込めたから。地域福祉では「学びに基づいた実践」が大事だというのが、野村さんが長い活動から得ていた経験知でした。

その学びとして、福岡市や町田市、川崎市、大阪市など、食事サービスの先行事例をたくさん見学に行きました。

調理するスタッフは栄養士や調理師などの専門家ではなく、主婦でいいとわかりました。「主婦は毎日の食事をつくっていて、家族は毎日食べても飽きない。飽きない料理を提供するのが自分たちの役目」という話があったからでした。365日の配食サービスはすばらしいと思っていましたが、違いました。365日、家に弁当が来ることで、たまによそ行きの格好をして出かけたり、買い物をしたり、外食したりする機会を奪ってしまうこともあると理解できました。そうした学びを基に、名古屋での実践が始まりました。

配食とひろば、サロンの3本柱でスタート

活動場所は、加津子さんの夫が知的障害のある長男のためにグループホーム付きマンションを建築すると決めた際、1階は地域の人たちのために使うと宣言をして確保しました。ただ、室内はコンクリート打ち放しの寂しい雰囲気。そのため厨房や人が集まるスペースをつくるための費用を一口1,000円で必死に呼びかけ、1,200万円もの資金を集めました。

こうして1996年4月、「清水なかまの家」が名古屋市北区の清水学区にオープンしました。事業内容は配食サービスと「お達者ひろば」「ふれあいサロン」の3本柱です。

配食サービスは、協働キッチンでつくった弁当を週に4日、夕方に利用者宅へ配達。お達者ひろばは月1回、利用者にできたてのご飯を茶わんで食べてもらう機会をつくり、近所の人にも開放しました。ふれあいサロンは毎週火曜日、昼食を挟んで歌ったりおしゃべりしたりする交流の場で、参加者全員が対等な立場で関わり合います。障害がある人もない人も、自然体で互いを支え合う関係が築かれています。

「お達者弁当」をつくる調理ボランティア

利用者を増やすため、地域の民生委員の協力を取りつけ、試食会やアンケート調査をしました。「あなたはお弁当をとりますか？」から始まり、どんな中身がいいか、配るのは朝昼晩のいつがいいか、いくらがいいかなどの細かい質問を作成。用紙を置くだけでなく、書きにくい人からは聞き取りもしました。「野菜の煮物がいい」などの具体的な要望が出てそれを反映していくと、口コミも広がって希望者がだんだん増えていきました。

当初のボランティアスタッフは講座を開いて募集。新聞にも紹介記事が掲載され、定員30名に対して48名の応募がありました。「ボランティアとは」からきちんと学び、調理と配達の二組に分かれてもらう講座。調理ボランティア希望者は、北保健所から派遣された講師から高齢者の特性などについて学んだ後、隠し包丁の入れ方など具体的な調理技術を指導され、配達ボランティア希望者は、利用者の住まいを地図に落とし込み、一方通行なども調べて配達のコースを検討するなどしました。

市の制度とは別に「やりがい」重視

配食制度について、名古屋市は1997年、市民からの要求に応えて試行をした後、2003年の介護保険制度改正にともなって全市で制度化しました。試行実施では名古屋市社会福祉協議会が受託して福祉施設やボランティア団体が協力。清水なかまの家も自由契約とは別に30食分を担当しました。全市展開のときにも、受託事業所にとの打診がありました。ところが、なかまの家は引き受けず、あえて任意団体としての継続を選んだのです。

受託に向けての説明も受け、課題を検証しました。「事務量が増えて専任スタッフが1人必要になる」「週4食だったのが、月曜から金曜までの5食配らなければならない」「民間企業と競合する」など、いろいろな課題が浮かび上がりました。しかし、一番の理由は配達ボランティアの次のような言葉でした。

「わしらがなんでこれをやっているかと言うと、いつか自分が弁当を配達してもらう側になるから。こんなふうに届けてもらいたいなあと思ってやっている。市の事業として受けると、1人がたくさんのお弁当を運ばなければ運営が成り立たない。そうすると、今みたいにゆっくり利用者と話をするなどできない」

清水なかまの家で利用者に接する近藤京子さん（右）

実は、野村さんは受託するつもりでした。しかし、ボランティアの話を黙って聞いた後、受託をあきらめました。配達ボランティアの「こんなサービスが欲しい」という思いが、活動を支えていることを理解していたからです。

多くのボランティア活動がそうであるように、清水なかまの家も一時はボランティアの高齢化で後継者不足が心配されました。しかし、細々とですが今もちゃんと継続しています。それは時代の変化と、高齢者の頑張りによるものです。

高齢者は75歳になるとパートタイムで働く場所がなくなります。厨房にはそんな高齢者が集まってきて、新しい働きがいや生きがいの受け皿になっています。配達ボランティアは90歳を過ぎた人も。今は加津子さんが代表ですが、「次の代表にはやっぱり地域の人がいい」「ご近所さんで地域のことをいろいろと知っているあの人がいいわね」……などと話し合ってもいます。

「人を支えるところにいられるのはものすごくすてきです。配達に行って『また明日ね』と言われると、明日も元気で配達に来なければと思います。人のためだと思って始めたけれど、結局は自分のためになっています」と加津子さん。20年以上、ボランティア活動を続けてこられたのは、こうした原動力があったからでした。

（陸川、岡）

居場所づくりとボランティア

「居場所」の言葉のイメージは？

「居場所」という言葉が現在のように「よりどころ」や救いの場のように使われ出したのはいつからでしょうか。

朝日新聞社のデータベースで調べると、「居場所」が事件用語（「犯人の居場所」など）以外に使われる例として、1985年7月に家庭問題に関する報告書を紹介する「パパは家庭で孤立気味」という見出しの記事に「2割以上の父親が家の中に自分の居場所がない」との表現が出てきます。

その1カ月後の1985年8月17日付の1面コラム「天声人語」には、岡山県津山市にできた登校拒否児のための塾を紹介する中で「学校にも家庭にも居場所がなくて苦しんでいる子どもたちがいるのに、同じ町に住む大人たちが知らん顔でいていいのか」と書かれていました。これが初出とは限りませんが、その後も同様の記事は決して多くなく、次に天声人語で「居場所」が出てくるのは2004年9月。長崎県佐世保市で小学生が同級生を殺害した事件について「幼いふたりが、どこかで安心できる『居場所』を得られなかったものか」「人は、それぞれの心の居場所を探している。しかし、それを見つけるのは容易ではない」などの文章が見つかります。

一般的には、核家族化や地域コミュニティーの変化を受けた「家庭、地域における居場所」の問題から、少年事件やひきこもりなどの社会現象の深刻化とともに「子どもの居場所」がクローズアップされていったのではないでしょうか。

宅老所「えんがわ」から商店街へ

一方、現実には高齢者の孤立化が進み、「お年寄りの居場所づくり」が、特に1990年代から各地で取り組まれてきました。それは老人ホームなどの大規模施設とは違う、小規模で温もりのある場所というイメージです。「はじめのいっぽ」の野上美千代さん（61ページ）は「宅老所」という形でそれを実現させました。その後、名古屋でも数多くできた宅老所の中で、瑞穂区の「瑞穂デイセンターえんがわ」は商店街の活性化運動とも合わさって多様な展開を見せました。

「えんがわ」は瑞穂区内で義母の介護をしていた吉川冨士子さんが1997年、自宅を活用して開いた宅老所。「みんなで楽しく介護をしよう」とボランティアを集めてお年寄りのための食事を一緒につくったり、手づくり品の工房や歌声喫茶などにもしたり。まさに地域のお年寄りにとっての「居場所」になっていきました。

こうした「居場所＝えんがわ」を各地につくってもらおうと、吉川さんは2003年、愛知県議会選挙に立候補。

選挙運動の中で区内の「雁道《がんみち》商店街」を練り歩くと、あまりの人の少なさとシャッターの下りた店舗の多さに驚きました。それをきっかけにして雁道商店街の活性化に関わり、銀座をぶらぶらする「銀ぶら」に引っかけた「雁ぶら物語」という活動に合流。空き店舗を活用した「雁ぶらサロン」や「雁ぶらショップ」を開き、100円セールの日を「100円商店街」とアピールするなどして盛り上げていきました。商店街全体を「居場所」とするような取り組みと言えるのかもしれません。

「子ども食堂」が地域づくりにも

子ども、若者の居場所づくりも多様化してきました。かつては保育所や学校などの公的施設以外には、一時的な託児所や学童保育、塾がある程度だったでしょう。しかし、子育て中の母親の支援から、虐待相談の窓口、非行少年・少女の見守りなど、さまざまな場面で子どもたちへのサポートの必要性が認識され、ボランティアらも関わり始めました。

中でも近年、子どもの貧困対策として整備が急がれているのが「子ども食堂」です。

困難を抱える家庭で、きちんと食事をとれない子どもたちに、1人でも安心して来てもらい、無料または低額の食事を提供する子ども食堂。その先駆けともされる東京・太田区の「気まぐれ八百屋だんだん　子ども食堂」が2012年にスタートしてから、その輪は全国に広がり、2018年時点で2,286カ所があるとされています。

愛知県では同年5月現在で94カ所。運営主体はそのうち半数以上の58カ所が任意団体、24カ所がNPO。料金は半数の52カ所で子どもは無料、30カ所で100円としているといったデータがまとめられています。

県はこうした子ども食堂を開設したいという人向けのガイドブックを作成し、補助金の申請も受け付けています。愛知県社会福祉協議会は「子ども食堂マップ（愛知県版と名古屋市版）」をつくり、2019年7月にはボランティアセンター内に「子どもの居場所応援プラザ」を開き、子ども食堂に関する相談窓口としています。

子ども食堂は食事だけでなく、宿題などができる学習支援の場にも。また、地域や高齢者と子ども世代との交流の場になる可能性もあります。こうした「居場所」をさらに充実させていけるかどうかが、未来の地域づくりのカギを握ることになりそうです。

（関口）

●———専門職とボランティア

「子どもたち救うため」垣根超えた専門家と市民の関係

子どもの虐待防止ネットワーク・あいち（CAPNA）
岩城正光さん、兼田智彦さん

弁護士にも必要な「寄り添う心」

都市化や核家族化の進行とともに、家庭内暴力（DV）や児童虐待が大きな社会問題となっています。

部外者がなかなか立ち入れない、家庭という密室での暴力。行政が手を出しきれないまま、心や体に深い傷を負ってしまう子どもたち。そうした被害者を救い、問題が繰り返されないようにするには、法律や医療の専門知識も必要です。

専門家と市民が垣根を超え、児童虐待問題に取り組むネットワークが1995年、名古屋エリアに生まれました。「子どもの虐待防止ネットワーク・あいち（CAPNA、キャプナ）」です。最初の理事長は、愛知県東海市の児童養護施設「暁学園」の施設長だった祖父江文宏さんでした。

CAPNAでは、専門家は「ボランティア的」に活動し、一般ボランティアは電話相談などを通じて専門的でより深い社会問題に入り込んでいくことになります。そうした協働態勢はどうやって成り立ったのでしょうか。

「弁護士は家庭の問題を法的、事務的に処理すればいいのではありません。DVも離婚が成立すればいいのではなく、根本的な不安感がなくならないと当事者は笑顔になれません。その解決にはフットワークが軽く、社会福祉的な仕事のできる弁護士が一番適任なんです」

こう語るのはCAPNAの立ち上げから関わり、祖父江さんが2002年に亡くなった後、2007年まで理事長を務めた弁護士の岩城正光さん。名古屋市の副市長も務めた市民になじみの深い「顔」です。

岩城さんが弁護士になったころは、虐待やDVの問題に関わるのは「弁護士

CAPNAの立ち上げに奔走してきた岩城正光さん（左）
現在の事務局で活動を支える兼田智彦さん（右）

のやることではない」という空気もあったと言います。「感情のるつぼ」にはまってなかなか解決せず、他の仕事にも影響してしまうからです。しかし、岩城さんが最初に勤めた弁護士事務所で教えられたのは、そうした問題の当事者にむしろ寄り添う「カウンセリングマインド」。目の前にいる人をほおっておけないという「ボランティアマインド」と言い換えられるかもしれません。

２カ月に１回の市民講座で一体感

こうしたマインドを持った岩城さんや祖父江さんたちは、先行していた大阪の児童虐待防止協会や東京の虐待防止センターを視察したり、名古屋で勉強会を始めたりしました。ボランティアが電話相談を受け、弁護士など専門職がサポートして対処する組織は全国的に必要だと岩城さんは確信したものの、名古屋ではまだ人材や資金面で難しいとも感じました。

そうした中で、自殺予防などのために名古屋でも1985年から電話相談活動をしていた「いのちの電話」に協力が呼びかけられ、スタッフの一部がかけ持ちで手伝いをするようになりました。その一人が、後にCAPNAの事務局長ともなる兼田智彦さんです。

「勉強会を経て、最初に3日間だけ電話相談をしてみたら50件くらいの相談が。その半分が虐待問題。これはやっぱりやるべきだとなり、岩城さんと祖父江さんの家や事務所で週2回、電話相談を開設したのが始まり」だと言います。

新聞に掲載してもらった電話番号を見て、電話をかけてくるのは多くが子育てに悩みを抱えた親でした。中には「実際に子どもを殴ってしまっている」と打ち明ける人も。そして、過去に虐待を受けたと訴える人などが次々に電話をかけてきました。

そうした相談に応じるのは当初、「いのちの電話」の相談員だけでしたが、翌96年から「養成講座」を開いて徐々に自前の電話相談員を増やしていきます。受講料を払って講座を受け、無償ボランティアとして活動してくれる人たちです。多くは一般家庭の主婦たち。「人の役に立ちたい」「子どもたちのために何かしたい」という高い意識を持っています。

そんな人たちの前で「弁護士が上から目線だったり、医者があぐらをかいていたりしたら、一気に冷めてしまいますよね」と岩城さん。

だから、相談業務以外に相談員と専門職が参加する「市民講座」を2カ月に一回、開くことにしました。一緒になってイベントを手がけることで、達成感を共有できるようにしたのです。こうした「短期目標」を常につくるのが、CAPNAのような団体をまとめるのに重要でした。そして、ボランティアから弁護士や医師へ、相談内容をスムーズに引き継げるようになっていきました。

「上下」関係超えて全国モデルに

2009年からは「メール相談」も始め、子どもたちからの相談が増えてきました。しかし、ボランティアやスタッフはだんだんと高齢化し、若い人は少なくなります。

虐待問題を取り巻く環境や制度に変化も。岩城さんによれば、かつては弁護士側が児童相談所に「もっと動かなきゃ」「なぜ保護しないの？」と「けんかをしながら信頼関係をつくっていた」そうです。それが、数々の教訓を経て児童相談所の態勢が徐々に強化されたのはいいのですが、逆に弁護士が「児童相談所の下請け」をするような関係になっていきました。

そのため弁護士側の活動が停滞したと感じた岩城さんは、ちょうど名古屋市の副市長になったとき、弁護士を児童相談所に「任期付き公務員」として配置することを決めました。弁護士と児童相談所の職員は間近でお互いの立場や仕組みを理解でき、より連携ができるようになったそうです。その後、2016年に児童福祉法が改正され、全国すべての児童相談所に弁護士の配置が義務化されました。これはCAPNAの弁護団がモデルになったとされています。

ただし、単純な「下請け」関係にならないよう、配慮や工夫が必要です。どちらが上か下か、使うか使われるかといった話ではなく、「虐待問題なら、子どもたちのために。その一点でみんながまとまるわけだから」と岩城さんは強調します。

ボランティアも、専門職も。NPOも、行政も。それぞれが一つの目的をもって、一体感を持って活動ができる。CAPNAが追求してきたのは、そうした仕組みづくり、関係性づくりと言えるのかもしれません。

（関口、陸川）

●――障害者の生活支援とボランティア

「24時間365日」提供する福祉サービス

レスパイト施設コンビニハウス　市江由紀子さん

「コンビニハウス」を設立した市江由紀子さん

介護する親も支える仕組みを

市江由紀子さんは1歳のときに脊髄《せきずい》性筋委縮症を発症。「生きても20歳まで」と診断されました。でも、病気を抱えながら成長し、名古屋養護学校高等部を卒業、21歳のときには家族の元を離れてひとり暮らしを始めました。以来、名古屋市の制度を使い、ケアスタッフに助けられながら行きたいところへ行く、自立した生活を送っています。

しかし、養護学校の先輩や同級生たちの多くは、親の介護を受けています。介護する親の顔色を見ながら、外出をガマンしていたり、介護する母親が倒れたために施設へ入所しなければならなったりという話も聞いた市江さんは、重い障害を持つ人が地域で暮らし続けるための手伝いができないかと考えるようになりました。そこで、1994年に「重度重複障害者の地域生活を考える会」をつくり、定期的な学習会の開催や、障害者の親に対するアンケート調査などを始めました。

「介護する親たちは何に困っているのか」についてのアンケートでは、最も多かったのが「親が病気になったとき、誰が子どもを介護してくれるか」。2番目は「施設への送り迎えが負担」、3番目は「入浴の介助がしんどい」という回答でした。こうした結果からニーズがはっきりして、必要なサービスも見えてきました。

家族の負担を軽減するために、一時的な介助・介護を誰かが代わってする援助を「レスパイトケア」や「レスパイトサービス」と呼びます（レスパイトは「一時休止」や「休息」の意味）。東京や千葉にレスパイトサービスを提供する民間の施設があり、市江さんは母親の大川美知子さんと一緒に見学に行き、名古屋でもやってみようと思いました。さっそく介助ボランティアと利用会員50名の募集を始め、西区の一軒家を借りて拠点に。1996年4月、中部地区初のレスパイトサービス施設「コンビニハウス」が開所しました。

「ニーズは待ったなし」事業化に奔走

「コンビニ」という名前から連想するように、市江さんは24時間365日、緊急時は電話1本で支援を受け付けることにしました。「人の生活に休みはない」からです。当時、行政の電話相談の受け付け時間は9時から17時でした。それ以外の時間は何があっても助けてくれるところがありません。

電話相談をはじめ、事業内容は宿泊ケア、デイケア、送迎などにしました。介助者である親が病気やケガをしたときのケアだけでなく、眠りたいとか、ゆっくりしたいなどのちょっとした利用でも、理由は問いません。本人の日常生活を大切にしながら、楽しい場所、くつろげる場所になるよう、市江さんたちは努力しました。

開所当時、福祉施設の事務局の役割はそれほど重要視されていませんでした。しかし、事務局はよりよいサービスを提供するため、現場に必要なヒト・モノ・カネを整えます。人脈や補助金の知識も必要な、いわば縁の下の力持ちです。市江さんは自分自身が運営やコーディネートに走り回りながら、きちんとした事務局態勢をつくり、職員を育てました。

ある利用者が、親から「またコンビニハウスに行こうか」と声をかけられると、声を出して笑ったそうです。その利用者は、普通に食事をして帰るだけでも大変な障害でした。でも、コンビニハウスを活用して、親が根気よく関わる中で変化が見えてきました。コンビニハウスの役割は、行政にはなかなか認められませんでしたが、利用者には大いに認められて、スタッフもやる気がむくむくとわいてきたそうです。

2カ所目の通所施設として借家を探しているとき、親たちがある一軒家を気に入り、購入することになりました。しかし、銀行から融資を受け、不動産を所有するためには法人格が必要です。そこで2001年、市江さんたちはNPO法人格を取って「NPO法人コンビニの会」を西区中小田井に設立しました。

さらに3カ所目の施設のために社会福祉法人の設立準備をした年は、ちょうど「障害者自立支援法」施行の時期でした。名古屋市に法人の設立申請書を提出すると、制度が未確定なので書類は「仮預かり」だとされました。これに対して市江さんは「ニーズは待ったなしです。来年、制度がよくなる保証があるなら1年待つけれど、よくはならないでしょう。だから今やるんです」と訴えました。

こうして法律施行と同じ2006年、「社会福祉法人エゼル福祉会」が西区赤城町に発足。理事長には母の大川さんが就きました。

事業内容も広がり、短期入所事業としてのコンビニハウスのほか、居宅介護事業の「障害者ヘルパーステーションてぃーだ」、共同生活援助事業の「パルハウス」、当事者会の「ドリームドラゴン」「はなそう会」が生活支援部としてそれぞれにスタート。さらに通所部として手づくりジャムや洋菓子の製造から音楽療法などの文化活動にも取り組む生活介護事業「ウィル」などができました。

「できないって、本当は幸せなこと」

一方、市江さんはエゼル福祉会の設立準備と並行して「障害者サポートセンター舞夢《まいむ》」を昭和区に開設しました。これまでのような一方的にサービスを提供する施設ではなく、障害者と健常者が対等に交わって高め合うフリースペースのような場所を、自らが暮らす昭和区内につくりたかったからです。

コンビニハウスの事務局を担う人材が育ったのを見届けて、市江さんは「舞夢」の活動に専念しています。自身の障害も進行して医療的ケアが必要となったので、福祉だけでなく医療現場の制度やサービスの貧しさを実感、それまでのヘルパー派遣に加えて「訪問看護ステーション笑夢《えむ》」も立ち上げました。毎月第一土曜午後の「つきいちcafé」では、利用者や近所の人たちが手づくりケーキと飲み物を味わいながら、おしゃべりに興じます。

市江さんが障害を受け入れて自分を肯定できたのは、「あなたに手を貸して

手づくりの洋菓子製造などに取り組むエゼル福祉会の施設

くれた人はみんなうれしそうな顔をしているね。あなたは体が不自由でたくさんの助けが必要だけれど、それだけたくさんの『いい気分』をみんなにあげられるのよ」と母の大川さんに言われたのが原点です。

「できないことがあるから人は人とつながれる。できないって、本当はとても幸せなことなのかもしれない」と市江さん。

こうした自信を持って、地域でさまざまな人々と触れ合い、必要な仕組みをつくるエネルギーとしています。

それは、一人ひとりが自信や自己肯定感を持ち、自分の意思で決断をする本来のボランティア活動につながる気がしました。

(岡)

※市江さんは本稿編集中の2019年12月30日に天に召されました。ご冥福をお祈りします。

＊ 脊髄性筋萎縮症（spinal muscular atrophy: SMA）とは、脊髄の運動神経細胞（脊髄前角細胞）の病変によって起こる神経原性の筋萎縮症で、筋萎縮性側索硬化症（ALS）と同じ運動ニューロン病の範疇に入る病気です。体幹や四肢の筋力低下、筋萎縮を進行性に示します。(難病情報センター)

●———視覚障害とボランティア

「声で映画を届けたい」名古屋から全国初の取り組み

視覚障碍者の情報環境を考える会ボイス・ケイン

岡本典《より》子《こ》さん

ラジオ番組の全盲のファンとの出会いから

「シーン・ボイスガイド」という支援活動があります。映画上映のとき、目の見えない人に各場面の情報を伝えて、目が見える人とも一緒に映画を楽しめるようにする声のガイドです。

この活動を日本で最初に始めたのは、東海地方のラジオ深夜放送の草分け的存在である岡本典子さんです。

全国初のシーン・ボイスガイドを始めた岡本典子さん

岡本さんのラジオ番組のファンに、全盲の人がいました。岡本さんはその人と電話で話をする機会があり、聞いてみると買い物も身の回りのことも「普通に」こなしているように感じられました。しかし、映画の話になると「映画なんか見たことないです」という言葉が返ってきて、ショックを受けたそうです。

同じころ、東京で本の奉仕朗読活動をしている妹に誘われ、好奇心からすぐに手伝い始めました。東京から送られてくる本を朗読しては、カセットに録音して送ることを2年ほど続けました。すると1998年ごろ、朗読活動を通して知り合った名古屋の人から「目の不自由な人に映画を見てもらいたいのです。やり方を考えてくれませんか？」と依頼がありました。これが岡本さんのシーン・ボイスガイドとしての活動の始まりでした。

依頼はその年の4月に名古屋で開かれる「アジア太平洋盲人情報国際会議」

で『釣りバカ日誌９』を上映したいという話でした。

台本は上下巻２冊もあり、「こんなに長い映画をどうすれば……」と岡本さんは悩みました。夜中に目を閉じてビデオを流してみると、どう説明すればいいか、まったく見当が付かないところがいっぱいあります。しかし、岡本さんは試行錯誤しながら、約４カ月かけて全編のガイドを一人で完成させました。

上映当日は、スクリーン正面の席に小さなテントを立てて入り、真っ暗な中で一人、小さいライトを灯してタイミングをはかりながら自作の台本を朗読。来場者はとても喜んでくれて、岡本さんはこの活動をずっとやっていこうと心に決めました。

その後すぐに「AJU自立の家」（24㌻）グループのAJU車いすセンターが主催する「福祉映画祭」でも上映したいと依頼がありました。15年も続いていた福祉映画祭なのに、目の不自由な人が楽しめる上映はなかったそうです。最初は無理だと思った岡本さんですが、何とか2カ月で仕上げられ、それからは毎年、シーン・ボイスガイド付きの映画を上映することになりました。

「ライナーさん」に伝わる表現とは

2001年４月にはシーン・ボイスガイドの「養成講座」を自主開催。定員30名の募集に対して、東京や大阪など全国から130名ほどの希望者が集まりました。

月２回、全24回の講座は、まず基本となる発音・発声を重点的に練習。後半からは台本をつくる作業に入ります。映画のセリフや重要な効果音と重ならないようにボイス・ガイドを入れたり、目の不自由な人が聞いて理解できる表現を選んだりするなどの工夫を学びます。

そして2002年３月、第１期の講座が終わるとともに「視覚障碍者の情報環境を考える会ボイス・ケイン」を結成しました。

障害の「害」は「日常生活の中で部分的に少し差し障りがある」という意味の「碍」に。さらに「障碍者」の人たちを「ライナー」と呼ぶことにしました。その由来はラジオでよく実況される野球で「まっすぐに球が飛んでいく」意味のライナー。「何ごともはっきりとおっしゃる皆さんとやりとりする中で、『あなた方、ライナーね』と呼ぶようになったの」と岡本さんは笑顔で振り返ります。

劇場でのシーン・ボイスガイドの様子

「ライナーさん」たちは受講者だけでなく、ボランティアメンバーの中にも。講座で北原白秋の詩の朗読練習をすると、晴眼者はその場でテキストを見ながら読みますが、ライナーの人たちは全部暗記してきます。朗読すると5分もかかるテキストを1週間で覚えてくるので、見ながら読んでいた人たちも必死に覚えようと努力します。共に学ぶことで、お互いに刺激し合って、いい関係が生まれています。

台本の完成にも「ライナーチェック」は欠かせません。例えば、真っ暗なトンネルを自転車で通り抜ける場面を説明するとき。「山と山を切り開いた丸い道、そのトンネルの中に入って進んでいくと白い光が見えてきました。もうそろそろ出口です」という表現をライナーに確認すると、「何にもわからない」「白い光や白く輝くということがわからない。五感に通じてわかるように教えてほしい」と返ってきます。そんなとき、岡本さんは目を閉じて、もう一度ライナーならどう考えるか、どう感じるかと想像をふくらませます。想像すること、言葉を探すことは非常に難しいですが、とても大切なことで、これこそが活動の楽しさでもあります。

外に出かける意欲を応援し続ける

ライナーも含めてボランティアメンバーはみんな仲がよく、それぞれの個性や才能を生かして活動しています。あるライナーを「ライナー長」として交流会に出かけたとき、「今までこういう役目を与えられたり、何かをお願いされたりしたこともないから、今、すごく生きがいを感じている。ボイス・ケインに入って自分の価値を見出した」と喜んだそうです。

「目が不自由な人でも、出てくる人は自分から出てくる。でも、うちにこもっている人も大勢いる。そういう人たちに何とか外へ出てもらいたい。一緒に映画に行こうよと声をかけて」と岡本さん。ボイス・ケインは2カ月に1回、天白区の社会福祉協議会で上映会をしています。メンバーの研修でもあり、新しいメンバーのデビューの場にもなっています。そこに目の不自由な人たちを無料で招待しています。情報を聞きつけて「次はどんな映画をするのですか？」と電話がきます。上映会を通して、外に出かける意欲を応援することも活動の目的のひとつです。

「15周年の総会で後継者にバトンを渡そうかなとも思ったのですが、県内外から映画を上映してほしいという要請も増えてきました。高齢者の食事サービスを始めた野村文枝さんが83歳のときに講演をされ、こんなに元気にやってらっしゃるんだと刺激をいただきました。私もまだまだ人生を豊かに、感謝の心で頑張ろうと思います」。ボイス・ケインの活動は、岡本さん自身の世界もどんどん広げているようです。

（佐原）

愛知万博とボランティア

延べ10万人の市民がボランティア体験

ボランティアを始めたきっかけが、都市マラソンや国際スポーツ大会など、地元で行われた大きなイベントだという人は少なくないでしょう。愛知県で開催され、ボランティアが活躍したイベントを挙げるとき、2005年に開催された日本国際博覧会「愛・地球博（愛知万博）」は外せません。

「自然の叡智《えいち》」をメインテーマとした愛知万博は、「市民参加」による連帯のあり方の発信も重要なテーマとされ、さまざまな取り組みが展開されました。

市民一人ひとりの力で運営されることを目指し、ボランティア活動にも市民の意見を広く反映させるため、開幕の3年前に博覧会協会から独立した形で「愛・地球博ボランティアセンター」が設立されました。センターには約2万7,000名が登録し、期間中は延べ約10万5,000名のボランティアが活動しました。

登録した個人ボランティアの内訳を見ると、性別では女性が65%と男性に比べて多く、年代では50代と60代が半数を占めています。居住地別では、愛知県が93%とほとんどですが、38の都道府県（愛知県含む）や海外16の国・地域からも参加がありました。また、ボランティア活動の経験者は39%で、61%は「経験なし（「不明」含む）」でした。愛知万博は、約1万5,000名の参加者にとって初めてのボランティア体験を提供したことになります。

閉幕後も地域に根ざした活動続く

ボランティア登録者にはさまざまな研修もありました。参加者の半数以上が未経験者のため、全員必須の研修では「ボランティアとしての基本的な心構えを磨くこと」に重点が置かれました。ほかに「国際」「福祉」「エコ」の専門研修やボランティアリーダー向けの研修も。リーダー研修は、リーダー同士のネットワークを築き、万博終了後も地域活動の中核となるよう組み立てられていました。こうした研修を受けたボランティアが来場者の案内、車

会期中の万博会場で来場者と接するボランティア

いすやベビーカーなどの貸し出し、高齢者・障害者のサポート、ごみの分別の案内など、さまざまな場面で活躍しました。

閉幕後のアンケートを見ると、ボランティアの74.5％が「今後もボランティア活動にかかわっていきたい」と答えました。実際に、愛知万博での活動から多くのボランティアグループが生まれました。「森林を守るバナナくらぶ」は、万博でバナナの茎から紙をつくる体験会をしたことから発足。モリコロパーク（愛・地球博記念公園）や各種イベント会場でバナナ繊維の紙すき体験などを通して、森林資源の保護や地球温暖化防止について市民と共に考える活動をしています。ほかにも万博会場周辺の道路のごみ拾いを年に4回ほど実施している「やろまいか！愛・地クリーン作戦実行委員会」など、多くのグループが万博の精神を受け継ぎ、地域で活動を続けています。

センターは閉幕後の2006年にNPO法人として再スタート。万博での経験とノウハウを生かし、ボランティアの楽しさや意義を体験できる機会をつくり、ボランティアの輪をつなげています。

ボランティア活動を通して人間関係が広がったり、趣味やスキルを生かせたり、何より自分のしたことで誰かが喜んでくれたり。誰かの役に立つという喜びは、何ものにもかえがたい経験になります。「ボランティアを通してごみの分別を意識するようになった」など、社会課題に気づき、考える機会にもなります。今後も東京オリンピックなどの大イベントでのボランティア経験が、さまざまな社会課題の解決に向けて市民のアクションを増やすきっかけになることが期待されます。

（佐原）

参考文献

「ぼらんてぃあ 愛・地球博ボランティア活動の軌跡」（愛・地球博ボランティアセンター発行）／「愛・地球博ボランティアセンター 10年のあゆみ」（同）

大学と企業の社会貢献

大学ボラセン中心に多様化

ボランティア活動に学生の存在は欠かせません。昨今、その関係や接点を考える上では、大学内にあるボランティアセンター（大学ボラセン）のあり方が大きいと言えます。

そもそも大学内にボランティアセンターが出来始めたきっかけは、阪神・淡路大震災でした。被災者支援のために数多くの学生が立ち上がり、関西を中心として全国に広がっていきました。

大学ボラセンのネットワークをつくっている京都のNPO法人「ユースビジョン」によれば、2018年5月現在、全国に170の大学ボラセンがあり、愛知県内でも10大学にあると確認されています。運営形態は専従スタッフを配置したり、学生が運営を担ったりするなどさまざまです。近年では、大学ボラセンの全国フォーラムが定期的に開催されています。愛知でもボランティア活動の促進協働会議が結成され、大学ボラセンや大学の社会連携部署、企業も参加してネットワークをつくっています。

大学ボラセンの主旨は、ボランティアをしたい学生とボランティアを求める現場とのマッチング、中間支援です。最近はサービス・ラーニングやPBL（Project-Based Learning：課題解決型学習）などの名称で、地域と連携・協働した実践活動を展開する教育プログラムが増えています。単にボランティア活動をするだけでなく、学生が地域と連携・協働しながら、社会に貢献する場づくりや活動が多くなっています。大学によっては単位認定型のプログラムにもなっているほか、ボラセンとは別の社会連携・貢献部門を設けるところも。愛知学院大学地域連携センターや名城大学社会連携センターなどがその例です。

次世代の社会貢献活動とは

大学が地域社会にとって魅力的なのは、教員・学生というマンパワーの存在はもちろん、研究を通じての産学官連携や地域へのボランティア活動とい

SDGsの17のゴールを示したアイコン

う形での関わりや交流を持てるからではないでしょうか。大学は人材や知的財産、立地する建物なども含めて資源の宝庫です。その資源を大学としてもどう生かしながら、地域社会に貢献していくのかが問われています。

一方、企業の社会貢献活動も活発です。商売の基本は「三方よし（売り手よし・買い手よし・世間よし）」だという近江商人の心得は有名ですが、この中の「世間よし」が具体化されていると言えるでしょう。近年ではCSR（Corporate Social Responsibility：企業の社会的責任）の広まりもあって、企業が地域社会に果たす責任も問われています。

愛知を代表する企業であるトヨタ自動車は、1993年にいち早く企業内にボランティアセンターを設置しました。社内にボランティアサークルもあり、従業員や家族が楽しみながらボランティアに関わるイベントが20年近く続いています。また、同じトヨタグループのデンソーは、社員のノウハウを生かしたプロボノ（専門スキルを生かしたボランティア活動）プログラムを展開しており、NPOとも強くつながっています。ブラザー工業も「東海若手起業塾」への協賛を通じて、ソーシャル・ビジネスを起こそうとする若者を支援しています。

2015年の国連サミットで採択されたSDGs《エスディージーズ》（Sustainable Development Goals：持続可能な開発目標）は、日本企業にも見逃せないトピックとなってきました。2030年までに持続可能で多様性と包摂性のある社会の実現を目指し、「誰も置き去りにしない」を理念に掲げるSDGsは、企業とボランティアの一層の連携を求めているとも言えるでしょう。

（柴田）

●———当事者に耳を傾けるボランティア

寄り添って「声」集め 地域の「つなぎ役」に

傾聴ボランティアきたちゃん　岩田美佐子さん

傾聴ボランティアの役割について話す岩田美佐子さん

まずは「お天気」の話から

「傾聴《けいちょう》」とは、文字通り耳を傾けて聴き、目と心を十分に通わせること。誰かの話をひたすら一生懸命聴いていると、人が人にやさしく関われます。これを福祉の分野で、さらに地域づくりとしても取り入れようと考えたのが、「地域福祉を考える会」（54㌻）などを立ち上げた野村文枝さんでした。

野村さんはお年寄りの暮らしを支える地域の仕組みづくりに取り組み、名古屋でのヘルパー制度や配食サービスの実現に力を注ぎました。それらが制度化されると、さらに医療と看護、介護が切れ目なくつながり、地域の人が「いつでも、誰でも」関われる仕組みを探し始めます。北区内でお年寄りの家に弁当を配達する活動のとき、ボランティアが同行してお年寄りの話を聴いてあげられたら……。それが「傾聴ボランティア」の発想でした。傾聴は年配の人たちが自分の人生経験を生かせ、そこから地域の課題や要望も掘り起こせると考えたのです。

野村さんは周囲に呼びかけ、2005年9月に「第1回傾聴ボランティア講座」を開講。北区社会福祉協議会と「清水なかまの家」（108㌻）の共催で、講師には社会福祉士の矢満田《やまんた》篤二《とくじ》さんを招きました。10月まで全5回の講座で受講者が「傾聴とは何か」を学び、さっそく翌月から「デイサービスセンターなかまの家大杉」で傾聴活動をスタート。年明けには会の発足を確認し、「傾聴ボランティアきたちゃん」が誕生しました。初代会長は野村さんが務め、初年度の会員は28名が集まりました。翌2006年度には2回目の講座を開き、全国の傾聴ボランティアとも交流。2007年度からお年寄りの自宅を訪ねる活動を始めました。

でも、「いきなり『さあ話してください』では、『話すことなんて何もないよ』と言われてしまいますよね」。実際の傾聴の様子について、岩田美佐子さんはこんなふうに説明します。

最初から「1対1」では、誰でもお互いに緊張してしまうでしょう。だから、例えば初めてデイサービスセンターを訪ねた傾聴ボランティアは、センターの職員たちと一緒に何か作業をしながら「そばにいさせてくださいね」とお年寄りに寄り添い、まずは天気の話などをして帰ってきます。しかし、何回か通ううちに、お年寄りは「まあ、あなた、また来てくれたの？」と打ち解け、生き生きと話をしてくれるようになります。話の後で「聴いてくれてありがとうね」と言ってくれる場合も。

「その言葉がとてもうれしくて、傾聴活動の力の源になるんです」と岩田さん。認知症の人とも、ちょっとした目の動きや体の動きから、伝えようとしていることを「聴ける」ように。こうして1年ほど経験を積んで学び、ようやく「1対1」での傾聴活動ができ、施設の個室やお年寄りの部屋へ入っていけるようになるのです。

困りごとや課題を掘り起こす

初代の野村さん、2代目の豊嶋隆子さんに続き、3代目の会長のバトンを受け継いだ岩田さんは、夫の両親の介護が大変だった時期がありました。その2人が立て続けに亡くなり、やや落ち着いてから、ふと傾聴ボランティア講座のチラシを手にしたとき、「私はきちんと父や母の話を聴けていただろうか？」と思い、講座を受ける気になったそうです。

ただし、きたちゃんの講座は、傾聴の方法やテクニックを学ぶだけではありません。講座名も正式には「地域生活支援ボランティア養成講座」。必要なのは地域の暮らしをみんなで支え合うためのボランティア。それは地域の「つなぎ役」でもあると岩田さんは言います。

傾聴ボランティア講座の様子

例えば、ある福祉施設では、聴き取りの様子を短い記録に残しておきました。お年寄りが「楽しく話をしていた」「きょうは少し暗かった」など、ごく簡単な記録でも、それが施設の職員も知らない一面であったり、重要な変化であったりして、その後のケアプランづくりに生かされることがあります。活動する中で困りごとなど問題があるときは、会の中で話し合い、必要があると判断したときは、北区社協と連絡を取り合って解決に結びつけることもあるそうです。

だから、きたちゃんの活動は傾聴と講座の２本柱以外にも、他団体との交流が大事です。北区の障害者関連施設などで開く「プチサロンふくちゃん・きたちゃん」ではコーヒーとジュースを販売、収益金を北区社協や赤い羽根共同募金などに寄付します。名古屋市内の傾聴ボランティアグループ14団体とは3カ月に1度、学習会や講演会を開催。「北区みんなで交流会」や「ボランティア楽集会」など、いろいろな催しにも積極的に参加しています。

記録を取り続け、次世代へ

地域で支え合うためには、組織の中でも互いに助け合い、補い合わなければなりません。

会の中でも傾聴活動がうまくできなくて不安になったり、家庭の事情で活動を続けるのが難しくなったりする人が出てきます。入会はするけれど、仕事をしながら活動する人がいれば、傾聴活動はしても、忙しいので運営委員はできないという人、活動を通じて「自分がヘルパーになりたい」と資格を取得した人も。それぞれの事情や人生の選択を尊重して、互いが助け合って活躍してほしいと考えるのが、きたちゃんの会員たちです。

30名以上の会員が一度に全員で話し合うのは難しいので、全体を4つの「班」

に分けて毎月1回、班ごとに各自が書きためた活動記録を持ち寄ります。そこで「楽しかった？」「困ったことは？」などの情報を共有、さらに全体で取りまとめる作業を積み重ねているのです。「活動は組織で動き、記録を残すこと」「学んで活動をし、活動を通して学ぶ」「ボランティアには責任があり、記録が重要」といった野村さんの教えを、歴代の会長や会員は忠実に守ってきました。

2010年にはそれまでの事例をまとめた約70ページの「事例集」を、2015年には約100ページの「10年のあゆみ」を発行。原稿書きや入力作業はもちろん、印刷から製本まですべて手作業で行いました。当初は「記録を書くのが苦痛」といっていた会員たちが、「10年のあゆみ」編集時には、締切日を一度いえばさっと原稿を出してくれました。岩田さんは会員が着実に成長していると実感したそうです。

そうした会も高齢化が大きな課題です。運営委員や役員は60代以上、岩田さんも70代。会議出席とともに定例会の各種報告書を毎月送るなど、役割も負担も年々、大きくなっています。

それでも「相手からやさしさや生きる力をもらえる、すばらしい活動です。相手を尊重するだけで、地域が温かくなっていくのを確信できます。若い方も勇気を出して、一歩を踏み出して。今までと違う世界が見えてきますよ」と岩田さんは呼びかけています。

（岡、陸川）

●———当事者に耳を傾けるボランティア

電話一本一本を大事に
子どもたちのため社会変える

チャイルドラインあいち　髙橋弘恵さん

テレビで見た活動が現実の仕事に

チャイルドラインあいちで中心的な役割を担い続けてきた髙橋弘恵さん

1999年、髙橋弘恵さんは自宅のテレビである企画番組を見ていました。「チャイルドライン」という団体の活動を紹介していました。

名前の通り、子どものための電話専用回線。18歳までの子どもの電話を受け、ボランティアが相談にのる、イギリスで始まった世界的な取り組みだといいます。日本では、いじめ自殺の頻発を受けて1998年に世田谷で最初のチャイルドラインが発足しました。テレビ画面には、電話が鳴りっぱなしの様子が映し出されていて、髙橋さんは一視聴者として驚きながら見ていました。

その数か月後、髙橋さんは出入りしていた子育て支援のNPO法人「名古屋おやこセンター」(40㌻) の事務所で「チャイルドラインのセミナーに行こう」と誘われました。声をかけてくれたのは、おやこセンターのスタッフで後に「チャイルドラインあいち」の初代室長となる山口君子さん。山口さんは、おやこセンターの前身である「おやこ劇場」の全国組織がチャイルドラインに取り組んでいたことから名古屋でも立ち上げようと準備をしていて、髙橋さんにも声をかけました。

おやこセンターにとっては、支援の対象がセンターの会員の子というわけではないので、内部でも賛否両論があったようです。しかし、広く子どもの育ちを支える活動をしてきた団体として「会員の周りの子どもたちも幸せじゃなければ、社会はよくならない」という結論に。そして、セミナーが終わって間もない2000年4月には「チャイルドラインあいち実行委員会」が発足。6月には子どもの相談にのる「受け手ボランティア」を養成する講座を開くことになり、髙橋さんは「第1回実行委員長」になりました。

「自ら積極的にというより、巻き込まれた形だったので戸惑いもありました。でも、大事なことだと思ったから『無理です』って逃げなかったんですよね、きっと」と髙橋さんは笑って振り返ります。

そして9月には名古屋おやこセンターの事業としてチャイルドラインあいちがスタート。以来、髙橋さんは中心メンバーとして関わり続けることになったのです。

ボランティアが電話相談も運営も

第1回の受け手ボランティア養成講座には、60名の募集に対して183名もの応募がありました。その3年前の1997年にあった神戸の連続児童殺傷事件などによって、世間の関心が子どものケアに向いていたからでしょう。

以来、養成講座は毎年開き、約60名の受け手ボランティアを確保し続けています。そのうち40名ほどは組織の運営にも関わります。研修部や広報部などの組織があり、主体性を持って活躍できる場所がたくさんあります。だから「電話を受けるのが辛い」という人は、いったん受け手を休んで、他の組織で活動することも。その間に「また受け手に復帰してみよう」となることがあるそうです。こうした仕組みから、ボランティアの入れ替わりは多いですが、初期から残っている人もいます。

一方、電話をかけてきてほしい子どもたちに、チャイルドラインの存在を知ってもらわなければなりません。チャイルドラインあいちの対象は18歳までの「愛知県の子どもたち」。2004年に安城市のNPO法人「おやこでのびっこ安城」が「チャイルドラインみかわ」をスタートさせたので、分担して電話番号を記載したPRカードをつくって県全域で配布しています。2008年からは全国のチャイルドラインで同じ番号のフリーダイヤルになりましたが、愛知県は人口の多さとカード配布の効果か、全国で最も電話の発着信数が多いそうです。

かけてきた子どもたちに安心して話してもらえるよう、「名前は言わなくて

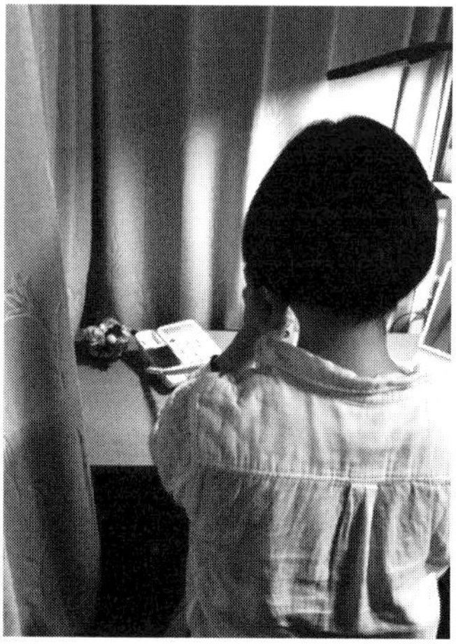
ボランティアによる電話相談の様子

もいいよ」「イヤになったら途中で切っていいよ」「どんなことでもあなたと一緒に考えるよ」「秘密はぜったいに守るよ」という4つの約束を決めています。

ただし、「電話を受けるだけでなくて、社会に発信していく」のがチャイルドラインの活動でもあるため、受けた電話の一本一本の内容はデータ化して、個人情報などに十分配慮した上で社会に発信しています。

「こうした現場で積み重ねてきた実績があるからこそ、名古屋市の『なごやこどもサポート連絡協議会』に出席できたり、多くの方とつながったりして、応援してもらっている」と髙橋さんは強調します。

子どもたち取り巻く環境に対する怒りも

しかし、まだ課題も少なくありません。今は電話だけで、メールやSNS（ソーシャルメディア）は取り入れていません。電話をかけられる子だけを対象にして「子どもを選んでしまっている」状態だと髙橋さん。SNSまで活用するかどうか、議論が続いています。

また、ほかの電話相談と違って児童相談所などとのネットワークがまだできていません。10年前までは虐待の相談は少なかったのですが、昨今は虐待や「家に帰りたくない」という相談も増えているそうです。児童相談所と役割分担をして、チャイルドラインが「話しやすい大人」として間に入り、助けが必要な子どもを必要な救済の場所につなげられるかどうかが問われています。

団体としては「ボランティアに交通費くらいは出したい」と髙橋さんは打ち明けます。

2004年にNPO法人化して、おやこセンターから完全に“独立”しましたが、主な収入は会費と、決して多くはない助成金。運営スタッフの人件費を出すので精いっぱいなのが現実です。それでも、わざわざ遠くから来たり、仕事を終えて駆け付けて来てくれたりするボランティアの手弁当の活動で支えられています。髙橋さんはせめて「皆さんにとって居心地のいい場でありたい」と雰囲気づくりに努めています。

一方で、髙橋さんが活動を続けている原動力の中には「子どもの育つ環境がよくなっていないことに対する、怒りみたいなもの」があるそうです。だからこそ、もっとチャイルドラインを発展させ、子どもたちを幸せにできないか……。「そうなったらすっきりやめられるのですが、まだやめられません」と髙橋さんは苦笑いします。

「子どもたちのために」とひとことで言うのは簡単ですが、その裏に隠された大きな苦労や葛藤が垣間見えました。

（陸川）

災害ボランティアの足湯活動

「傾聴」の流れ重なり被災地で実践

ボランティア活動の一環として、対象者の話にじっと耳を傾ける「傾聴」。主に福祉分野で重視されてきた活動であるのは本書でもわかることでしょう。その流れに1990年代以降の災害ボランティア文化が重なり、「足湯ボランティア」というユニークな活動が名古屋でも注目されるようになりました。

もともとは阪神・淡路大震災のとき、福岡から神戸の被災地に駆け付けたボランティアの吉椿《よしつばき》雅道さんが、自ら学んでいた東洋医学の知識を生かして実践した活動です。

バケツ一杯分のお湯を用意し、いすに腰をかけた被災者に足を浸してもらいます。向かい合ったボランティアは被災者の腕や手のひらをさするようにマッサージをしながら、会話をします。初対面の若者とお年寄りという組み合わせが多くなるため、最初はぎこちない自己紹介などが普通です。しかし、次第にお年寄りが被災時の経験や、避難生活の苦労などをぽつりぽつりと話し始めます。ボランティアはじっと耳を傾け、ときおりうなずく程度で構いません。そうして10分から15分ほどの時間を共有するだけ。それでも、お年寄りは血行がよくなった上に、心にためこんでいた気持ちをはき出して、すっきりとした表情で帰っていきます。一方のボランティアは聞き取った内容を簡単なメモに残し、お湯を替えるなど次の作業に入るという段取りです。

震災時は無我夢中で始めた吉椿さんですが、その後、神戸のNPO法人「被災地NGO恊働センター」のスタッフとなり、2004年の新潟県中越地震では学生ボランティアらを率いて本格的な足湯ボランティアを行いました。

新潟で本格化、名古屋からも盛んに

新潟には愛知県内の約30団体も「あいち中越支援ネットワーク」として被

東日本大震災直後に宮城県七ヶ浜町で実践された足湯ボランティア活動

災地支援に入りました。中でもレスキューストックヤード（RSY、86ページ）は神戸の団体とつながりが強く、吉椿さんらに合流して足湯活動にも参加します。RSYは設立時からのスタッフである浦野愛さんが福祉分野の出身で、傾聴や寄り添いの重要性をよく理解していました。災害ボランティアというと発災直後のがれきの片付けや泥出しなどが注目されがちで、男性中心の活動とも捉えられてしまいます。しかし、実際にはお年寄りらに対する心のケアも欠かせません。女性にもどの世代にも参加しやすい活動として、足湯はぴったりだったのです。

以来、ほかの災害現場でも足湯ボランティアが行われ、名古屋でも講習会などが開かれるようになりました。2011年の東日本大震災では、RSYは支援に入った宮城県七ヶ浜町で真っ先に足湯活動を展開。また、RSYが事務局を務める「震災がつなぐ全国ネットワーク（震つな）」としても、日本財団の全面的なバックアップを受けて「ROAD PROJECT」と称した足湯ボランティア活動を展開しました。福島県を中心に十数カ所の被災地で、2年間に延べ約1,900名のボランティアが参加。足湯を通して集めた被災者の言葉は約1万6,000の「つぶやき」として記録されました。そこから浮かび上がった課題は行政などにつないで解決が図られたほか、東京大学の関係者によって内容が分析され、「足湯のつぶやき」と題したガイドブックにまとめられました。

その後も足湯は被災地で欠かせないボランティア活動となっています。福祉と災害支援がつながり、ボランティアの役割を進化させた好例と言えるでしょう。

（関口）

新しい問題・課題とボランティア

貧困は古くて新しい問題

戦後の社会福祉政策・制度が、貧困問題への対応から始まったのは前史でも述べましたが、今もなお貧困問題は解決したわけではありません。例えば、2010年以降は「子どもの貧困」が社会問題のトピックとして取り上げられるようになりました。2015年の国民生活基礎調査を見てみると、子どもの貧困率は13.9%。現在でも7人に1人は貧困ということになります。

子どもの貧困は、親の貧困に直結しています。特に、ひとり親世帯でも9割を占める母子世帯は、正社員になって終日働くことも困難です。厚生労働省の「平成28年度全国ひとり親世帯等調査」では、非正社員における母子世帯全体の86%が収入200万円未満であることを明らかにしています。また、2015年には「下流老人」という言葉が流行語大賞にノミネートされ、推定600万人以上の高齢者が生活保護相当およびその恐れがあると言われるようになりました。

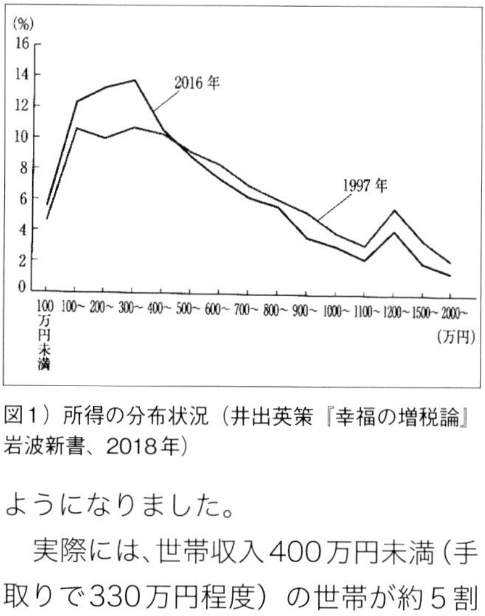

図1）所得の分布状況（井出英策『幸福の増税論』岩波新書、2018年）

実際には、世帯収入400万円未満（手取りで330万円程度）の世帯が約5割を占めるようにもなっており、2016年と1997年を比較しても、400万円未満の層が急増していることが指摘されています（図1）。20年近く前と比べて共働き世帯が増加しているにも関わらず、です。高齢化の影響も大きいですが、総じて私たちは貧しくなっていると言えます。貧困は古くて新しい問題。その時代の社会状況をどう読み

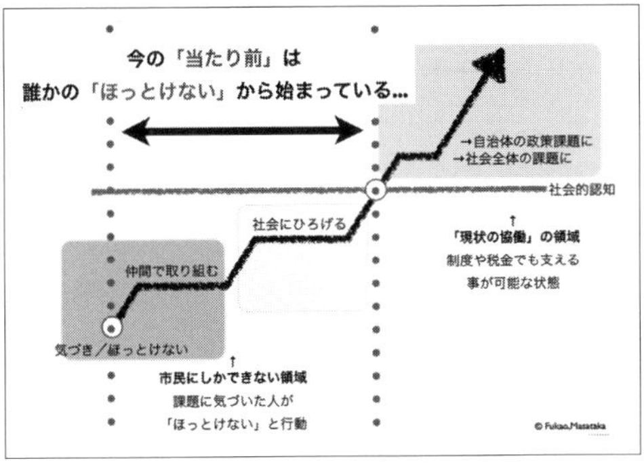

図2）市民活動のプロセス（深尾昌峰『市民ファンドが支える「新しい公共」～官民の役割分担とそれを支える仕組み～』第9回「新しい公共」推進会議2012年10月16日資料）

取るかによって、貧困問題で問うべきところは変わってくるわけです。

変わらぬ意義と新たな取り組み

しかし、時代が変わってもボランティアの意義は変わりません。どんなボランティア活動や市民活動も、最初は地域の課題に誰かが気づき、同じ志を持った仲間と取り組みながら、社会全体に広がっていきます。それが自治体や国全体の政策課題として制度化していく可能性もあります。（図2）

子どもの貧困問題なら「子ども食堂」や「学習支援」の取り組み。最初はある地域のボランティア活動だったものが、他の自治体などに広がり、2013年には「子どもの貧困対策の推進に関する法律」ができました。

また、名古屋を拠点にする「全国こども福祉センター」は繁華街での声かけやサイバーパトロールといった活動を通じて、公に保護されない子どもや若者たちに寄り添った支援、居場所づくりをしています。

近年はフードバンクの果たす役割も注目されています。「セカンドハーベスト名古屋」は企業や団体、個人から寄付された食品を、福祉施設や生活に困った個人へ届ける活動を継続。貧困問題だけではなく、まだ食べられるにもかかわらず大量の食品が捨てられる「食品ロス」という新たな社会問題に対応しています。

食品問題では、やはり名古屋拠点の「アレルギー支援ネットワーク」がダニ問題に関わる市民懇談会からスタートし、食物アレルギーへのサポートや学習講座を開いて全国的に注目されるようになりました。

こうした新たな取り組みも、市民やボランティア一人ひとりの気づきが社会全体に広がった例です。ボランティア活動の根幹である自主性や先駆性は、今も重要であると言えるでしょう。

（柴田）

フェスティバルから学びの場へ

参加者の多様化とイベント化

創成期の「愛知県ボランティア集会」（51㌻）などでキーワードになった「分野を越えた学び合い」は、その後もボランティア活動の重要なテーマであり続けてきました。

福祉関係のボランティアが中心となって1992年から始まった「名古屋市ボランティア集会」は、2005年以降「ボランティア・NPOフェスタ」（なごやボランティア・NPOセンターと名古屋市社会福祉協議会の共催）に変わり、より多分野のボランティアが参加するようになりました。この年は愛知万博でボランティアが注目されたタイミングでもあります。

最初の2年間は分科会があり、2007年には全国社会福祉協議会などの主催で「全国ボランティアフェスティバルあいち・なごや」も開催。全国から一層、多様なボランティアが集まるイベントとなりました。ボランティア・NPOフェスタは2012年まで6回開かれました。

2012年には「名古屋市市民活動推進センター」（101㌻）が開設され、社会貢献文化促進イベント「ぼらチャリ」が2012年から始まりました。ボランティアとチャリティを組み合わせた名称で、協賛店舗の売り上げの一部がNPOに寄付される「チャリぽん」などの社会実験も試みられました。これと入れ替わる形で「ぼらマッチ！なごや」が2014年からスタート。ボランティアを「したい人」と「必要としている団体」が出会い、互いを知るマッチングイベントとし大学や企業も巻き込んで企画されています。

「原点回帰」の場づくりも必要

こうして華々しいイベント化が進む中で「原点回帰」の動きも起こっています。2015年から始まった「なごやボランティア楽集会」は、1980年代の愛知県ボランティア集会、1990年代の名古屋市ボランティア集会の関係者が名古屋市社協を事務局として3年間の準備期間を経て実現にこぎつけました。

副題を「しゃべり場・学び場・気づきの場」として、「互いのボランティア活動から学び、次の私たちの力へ」をテーマにシンポジウムや分科会（分散会）が開かれました。月1回ペースの開催委員会では毎回内容の濃い議論がされ、それ自体が「学び合いの場」「ボランティアの原点とこれからのボランティア活動を考える場」となっています。

ただし、楽集会の参加者数は目標の100名にほど遠い状態。特に大学生など若者の参加が課題です。

最近はアクティブ・ラーニング（能動的学修）の必要性などから、市内6大学で地域連携センターのような窓口が設置され、大学生が社会・地域課題を学ぶ場やボランティア活動の提供がされるようになりつつあります。しかし、主体的に学習する意欲があるのか、学習する機会がほかにあるのかどうかなどを分析して、実際の現場と大学との連携を探る必要がありそうです。

名古屋市社協のボランティア登録者数は、1994年3月末時点の2万297名が、2017年3月末では9万6,954名。1995年の「ボランティア元年」以降、数字としては飛躍的に増えたと言えます。

しかし、ボランティア活動が広まる一方で、ボランティアの定義はあいまいな状況に。そして今、あらためてボランティア活動の原則（自主性、無報酬性、社会性）について確認していく場づくりが必要ではないでしょうか。

（中村）

あとがき

—なごやのボランティア史の編纂を終えて—

皆さまのおかげで、3年余りの編纂委員会を経て、無事この本を発行することができました。関係者の皆さまに心から感謝申し上げます。

ところで、私は、この「おかげ」という言葉が大好きです。おかげの心で「おかげさまで」を枕詞にしてあいさつすることを習慣づけようとしたこともありました。ちなみに伊勢の「おかげ横丁」は、お伊勢さんの「おかげ」という感謝の気持ちでネーミングしたそうです。

この「おかげ」という感謝の気持ちは、人と人とのよい関係を構築していくためにも必要で、あなたのおかげで、支えがあってこのことができた、または今の自分があるなど、感謝の気持ちを伝えるには大変都合のよい言葉です。そして、今度は自分が相手のために役に立つことがあれば、お手伝いしたいという気持ちになり、相互の関係が生まれます。つまり「お互いさま」の関係になります。

お互いさまの心で本当の意味の支え合い・助け合いができるのではないでしょうか。お互いさまの心が欠けると、一方通行の支え合い・助け合いになり、支え助ける人と支えられ助けられる人の関係が表れてしまいます。ボランティア活動は、まさに互助の活動です。互助はお互いさまの心での助け合いであるからこそ、一方通行ではない関係、お互い対等の関係を保つことが必要です。

ボランティア活動を始める動機、きっかけは人それぞれです。中高生のボランティア体験は、内申書や推薦に反映されることもあります。この体験が将来の進む道に影響を与えることも事実です。大学生は、大学が地域連携センターなどを設置し、地域貢献活動に参加する機会が増え、単位認定される場合もあります。いずれも、ボランティアの原則の一つである自主性という点から“やらされ感”があったとしても、活動後の達成感や自己有用感につながり、その後の活動にどう発展していくかが課題となります。

ボランティア活動をなぜするのかと問われ、皆さんはどう答えられますか。自分自身の生きがい、役割、居場所づくりのためですか。他人の役に立つためですか。それとも、もっと大きな目的のためですか。

目の前に困っている人がいれば、人間として手助けするのは当たり前で、人間性が問われるからするのだと言えますか。困っている人を見て見ぬふりをしてしまいませんか。明らかになっている地域・社会課題を解決するために、ボランティアとしてやれることをやると言えますか。ボランティアには限界があるからと言って、課題から目をそらしていませんか。

市民活動の広がりとともに、NPO法が施行されて20年以上が経ちました。課題解決のために設立されるNPO法人は増え、その数は5万を超えました。NPO法人は玉石混交との指摘もありますが、課題解決に柔軟な発想で取り組んでいます。その結果、地域社会を変えたと言える成果もたくさんあります。

ボランティア活動とNPO法人の事業・活動の違いはさまざまな面でありますが、地域・社会課題とどうつながっているかを常に考えながら、必要な活動、求められる活動をしていく必要があります。逆の言い方では、課題が解決されたら、その役割を終えることとなります。

この編纂のきっかけとなった故野村文枝さんは、「学習もだいじ、実践もだいじ」をモットーに50年以上活動を続けました。活動の仲間たちにもこの考えを伝え、学習と実践の循環を、まさに身をもって体現しました。学んだことを裏付けるための調査を実施し、活動の振り返りを必ず行い、その記録を必ず残す作業を怠りませんでした。学習と実践、どちらが先かは問いません。学習と実践の繰り返しをだいじにしていきたいものです。

私個人の長かった社会福祉協議会職員としての振り返りからは、双方の主体形成と仲間づくりが、ボランティア活動で大切にしてほしいことです。

　この本は、なごやのボランティア活動のほんの一部の紹介でしたが、ボランティアの原点をあらためて考える機会にしてほしい、今後のボランティア活動の振興に役立ててほしいと、編纂委員全員が思っています。

　最後になりましたが、多くの皆さまへの取材を通して、この「ものがたり」を編纂することができました。快くご協力いただきました皆さま、そして風媒社の劉永昇編集長に、編纂委員会一同深く感謝申し上げます。また、この編纂作業にいなかったらこの本ができなかったと思う編纂委員の関口さん、本当にありがとうございます。そして、野村さんが天国からこの本の出版を厳しくも温かい目で見てくださっていることを、心より祈っています。

（中村）

資料編

記事としては取り上げませんでしたが、記録すべき名古屋のボランティア団体を以下にリストアップします（かっこ内は設立年、①は活動目的、②は主な活動内容）

南の星ボランティアグループ（1952年）
①児童の健全育成の支援活動を目的に設立され、子ども会活動を通じて子どもたちのすこやかな成長を応援すること。　②南児童館を拠点に活動し、キャンプ生活の指導活動、友情のともしび交歓子ども会、クリスマス会、お別れ会などを通じてのゲーム指導などの行事への協力を実施。

NPO法人アサヒキャンプ名古屋（1955年）
①発達障害、LD、ADHDなどの子を含むさまざまな子どもたちが、研修を重ねた大学生たちとのレクリエーションを通して自信を深め、成長する機会を提供すること。また、その活動をつくる学生たちの成長を支援すること。　②小学3年生から中学3年生約30人と大学生のキャンプカウンセラーが一緒に楽しむ行事を実施。春・夏休みに行う宿泊型キャンプのほか、デイキャンプや月に1回土曜日の午前中にレクリエーションなどを実施。

六ツ星会（1956年）
①視覚障害などで通常の活字図書を読むことが困難な人に対して、書籍などの情報をより入手しやすくし、視覚障害者と本をつなぐこと。　②利用者から依頼のあった活字（墨字）で書かれた書籍などを、視覚障害者のために点字図書にし、鶴舞中央図書館の点字文庫に納める。

手話サークルひまわりの会（1976年）
①聴覚障害者と手話学習者との学習交流や情報交換を通して地域に手話を広めるとともに、聴覚障害者に対する理解を深めること。　②聴覚障害者の社会参加支援をはじめ、手話通訳、手話学習、交流、情報交換、その他の学習をしている。手話コーラスや小学校の手話体験教室、中区の一般介護予防事業（愛称：はつらつクラブ）の依頼にも応じている。

たねの会（1977年）
①障がい児（者）のための布の絵本・遊具を手づくりし、寄贈・貸し出しすることで、障がい児をはじめすべての子どもたちや高齢者の発達促進、機能回復を促す。また、安心・安全で楽しい布の絵本や遊具で遊んでもらうための場も開催し、手づくりの楽しさを広める。　②障がい児のための布の遊具づくり、「布のおもちゃ手づくりサロン」開催、布の絵本・遊具の寄贈・貸し出し、遊びの広場「布のおもちゃであ～そぼ！」開催。

音訳ボランティアちぐさ朗読の会（1977年）
①何らかの障害によって「視覚」からの情報を得ることが困難な人のために、墨字（活字）で書かれている広報や書籍などの内容、情報を「音声」にかえて伝える。②名古屋市の「声の広報なごや」の制作に携わり、千種区版を毎月音訳するほか、利用者からの依頼に応じて小説、雑誌、カタログ、取扱説明書などの印刷物を音訳する。デイサービスでの朗読活動もする。

託児の会「たんぽぽ」（1978年）
①名古屋市男女平等参画推進センター・女性会館「イーブルなごや」（旧：名古屋市婦人会館）で託児活動を「市民が市民を支える活動」ととらえ、「三者（親・子ども・託児ボランティア）の育ち合い」を目的に活動している。　②会館の施設ボランティアとして、主催講座の託児（主催講座のすべてが託児付き）や相談託児などを担っている。それだけでなく、会館主催の託児ボランティア養成講座や子育て講座に企画の段階から関わっている。

視覚障がい者ガイドボランティアかがやき（1994年）
①視覚障害者の外出支援や理解を広めること。　②利用者の要望に沿って目的地まで一緒に出掛ける。活動は原則9時～17時（緊急時は応相談）、カラオケや散歩会などの企画もある。学校や社会福祉協議会からの依頼で福祉体験学習の指導もする。

社会福祉法人　なかまの家大杉（1999年）
①地域に密着して、高齢者本人が明日も行きたいと思う楽しみの場所にすること。
②指定通所介護事業所として、通所介護と居宅介護支援を行う。理念として、同

じ人間同士としてお互いが相手を大事にし、人との出会いからエネルギーをもらうことができるような事業展開をしている。

バイクボランティアBi-Vo《ビーボ》（2003年）
①趣味であるバイクを生かして二輪文化の発展を目指し、災害発生時は自分たちが乗っているバイクの機動性や身の回りにあるIT機器を活用し、情報、物資、人などの運用、運搬、救援活動を行う。普段から自分にできる範囲の「等身大のボランティア」活動を目指している。　②通常はメーリングリストや会合などで情報交換をする。被災地でのバイクによる救援活動、情報収集、ITを活用した情報収集と発信。平常時は自治体主催の防災訓練などに参加し、二輪による災害ボランティア活動の啓蒙・啓発活動をする。

傾聴ボランティア華蓉《かよう》会（2005年）
①話し手の思いを丸ごと受けとめ真摯に耳を傾けると、自分の心に寄り添ってくれる聴き手のいる安心感や人と関わる喜びで話し手の表情がなごみ、話し終えた後にはそこに爽快感や解放感がうかがえる。良き聴き手として話し手に親しまれ、前向きな気持ちが芽生えるきっかけを提供する。　②東区社会福祉協議会を通じて要望のあった個人宅や施設（デイサービス、グループホーム、老人ホーム、作業所など）を定期的に訪問し、傾聴活動をしている。

難聴者支援ボラ陽だまり（2009年）
①聴覚障害者は耳が聞こえないために、日頃から音声情報の獲得に苦労をしている。その中でも、特に難聴者に対する支援のため、演劇、観光名所や制度で対応できないところへの「聞こえの支援」を行う。　②難聴者・中途失聴者の団体「名古屋難聴者・中途失聴者支援協会」とともに活動し、難聴者への支援としてサロン活動、筆記、手話、口話、音声認識、劇のポータブル字幕作成などをする。

団体の時代区分年表

※団体名は、前身の団体によって活動開始がある場合は、前身の団体の設立年とし、現在の名称で掲載しています。ただし、前身の団体の事業から独立して設立した場合は、独立した年を掲載しています。

			西暦	（昭和）	
前史	GHQ占領期	太平洋戦争終結	1945	（20）	
		日本国憲法公布	1946	（21）	名古屋ライトハウス設立（p12）
			1947	（22）	
	戦後復興期		1948	（23）	
			1949	（24）	名古屋市身体障害者福祉連合会設立（p12）
			1950	（25）	
			1951	（26）	
	高度経済成長期		1952	（27）	南の星ボランティアグループ設立（p147）
			1953	（28）	
			1954	（29）	名古屋手をつなぐ育成会設立（p12）
		・第１回全国学生セツルメント大会開催	1955	（30）	アサヒキャンプ名古屋設立（p147）
			1956	（31）	六ツ星会設立（p147）
			1957	（32）	あさみどりの会設立（p20）
			1958	（33）	
		伊勢湾台風	1959	（34）	名古屋キリスト教社会館設立（p16）
			1960	（35）	
			1961	（36）	
		・徳島県社会福祉協議会「善意銀行」開設	1962	（37）	
			1963	（38）	中部善意銀行設立（p34）
		東京オリンピック開催	1964	（39）	
		・大阪ボランティア協会設立	1965	（40）	
			1966	（41）	若葉会設立（p54） ボランティアサークルありんこ設立（p104）
			1967	（42）	
			1968	（43）	
		・「ボランティア」が『広辞苑』第２版掲載	1969	（44）	ゆたか福祉会設立（p28）
		日本万国博覧会開催	1970	（45）	
			1971	（46）	名古屋おやこセンター設立（p40）
	安定成長期	札幌オリンピック開催 沖縄日本復帰	1972	（47）	
		第１次石油危機	1973	（48）	AJU自立の家設立（p24） 名古屋市社会福祉協議会奉仕銀行開設（p34）

前史	安定成長期		1974（49）	
		国際婦人年 第1回世界女性会議開催（メキシコ） ・大阪おもちゃライブラリー開設	1975（50）	*地域ボランティアグループさつき会設立（p54）* *長戸ボランティアグループあじさい設立（p58）*
	国連女性のための10年		1976（51）	守山区老人給食サービス開始（守山区社会福祉協議会）（p36） *手話サークルひまわりの会設立（p147）*
		・ボランティア保険制度発足 ・文部省「学童・生徒のボランティア活動普及事業」（国庫補助）開始	1977（52）	*音訳ボランティアちぐさ朗読の会設立（p148）* *たねの会設立（p148）*
			1978（53）	*託児の会「たんぽぽ」設立（p148）* 名古屋市婦人会館ボランティアビューロー協議会設立（p43） 要約筆記等研究連絡会まごのて設立（p30）
		国際児童年 1979 第2次石油危機 1979	1979（54）	
			1980（55）	
創成期		国際障害者年 ・三鷹市おもちゃ図書館開設	1981（56）	瑞穂青年学級 ボランティアサークル 汽車ポッポ設立（p65）
			1982（57）	名古屋市社会福祉協議会ボランティアセンター開設（p49） なごや婦人ボランティア協議会設立（p101） *日本青年奉仕協会全国ボランティア活動研究集会・東海北陸ブロック開催（p51）*
	国連障害者のための10年	・おもちゃの図書館全国連絡会設立	1983（58）	
		第1回日本女性会議（名古屋） ・厚生白書に「ボランティア」の用語を用いた項登場	1984（59）	*愛知県ボランティア集会（1989年まで7回開催）（p51）* 地域福祉を考える会設立（p54）
		女子に対するあらゆる形態の差別の撤廃に関する条約批准	1985（60）	名古屋中村おもちゃ図書館開設（p69）
		国際平和年 「男女雇用機会均等法」施行	1986（61）	

時期	経済	社会の動き	年	出来事
創成期	バブル経済期	国連障害者のための10年	1987（62）	
			1988（63）	*ふれあいサービス開始（地域福祉を考える会）（p54）*
			1989（64） （平成元年）	
	低成長期		1990（2）	*なごやかヘルプ事業開始（名古屋市社会福祉協議会）（p54）*
			1991（3）	
			1992（4）	*第1回名古屋市ボランティア集会（2004年まで10回開催）（p51）* 食事サービス事業研究会設立（p108） 子育て支援のNPOまめっこ設立（p73） MIC設立（p77） 名古屋市中区役所にボランティア情報コーナー設置（p101）
			1993（5）	*食事サービス松栄設立（p 58）*
		児童の権利に関する条約（子どもの権利条約）批准	1994（6）	宅老所はじめのいっぽ設立（p61） *視覚障がい者ガイドボランティアかがやき設立*（p148） 重度重複障害者の地域生活を考える会（p118）
展開期		阪神・淡路大震災	1995（7）	レスキューストックヤード設立（p86） 被災者応援愛知ボランティアセンター設立（p95） CAPNA設立（p114） 名古屋市ボランティア情報センター設置（p101）
			1996（8）	清水なかまの家設立（p108） エゼル福祉会 コンビニハウス設立（重度重複障害者の地域生活を考える会）（p118）
		ナホトカ号重油流出事故	1997（9）	*瑞穂デイサービスセンターえんがわ設立*（p112） *名古屋オイルバスターズ活動*（p99）
	ITバブル	特定非営利活動促進法（NPO法）施行 長野オリンピック開催	1998（10）	
		国際高齢者年	1999（11）	ボラみみより情報局設立（p104）

展開期	ITバブル	「男女共同参画社会基本法」施行」	1999	(11)	*なかまの家大杉設立*（p148）
		「介護保険法」施行 東海豪雨災害	2000	(12)	*子ども＆まちネット設立*（p77）
		ボランティア国際年	2001	(13)	
	低成長期		2002	(14)	災害ボランティアコーディネーターなごや設立（p91） 視覚障碍者の情報環境を考える会ボイス・ケイン設立（p122） *なごやボランティア・NPOセンター改組*（p101） *愛・地球博ボランティアセンター設立*（p126）
			2003	(15)	*バイクボランティアBi-Vo設立*（p149）
		新潟県中越地震	2004	(16)	*チャイルドラインあいち設立*（p134）
		愛・地球博（愛知万博）開催	2005	(17)	*傾聴ボランティア華蓉会設立*（p149） 傾聴ボランティアきたちゃん設立（p130） *第1回ボランティア・NPOフェスタ（2006年まで2回開催）*（p51）
		「障害者自立支援法」施行	2006	(18)	*アレルギー支援ネットワーク設立*（p140）
		・全国ボランティアフェスティバルあいち・なごや	2007	(19)	
		リーマンショック	2008	(20)	*セカンドハーベスト名古屋設立*（p140）
			2009	(21)	*難聴者支援ボラ陽だまり設立*（p149） *ボランティア・NPOフェスタなごや（2012年まで4回開催）*（p51）
			2010	(22)	
		東日本大震災・福島第一原子力発電所事故	2011	(23)	
			2012	(24)	*名古屋市市民活動推進センター設置*（p101） *全国こども福祉センター設立*（p140）
		「障害者総合支援法」施行	2013	(25)	
		障害者の権利に関する条約（障害者権利条約）批准	2014	(26)	
		「子ども・子育て支援法」施行	2015	(27)	

名古屋のボランティアの特徴

名古屋市社会福祉協議会に保管されている故野村文枝さんが残された半世紀のボランティア活動の資料は、貴重な資料が数多く含まれています。その資料は膨大ですべてを紹介することはできませんので、一部を抜粋して紹介します。

戦後、社会が大きく変化する中で、社会教育の一環として婦人ボランティアの養成が行政によって進められました。この資料編では、官製で始まったボランティアが、学習と実践を通して自立していったことを見ることができます。やがて婦人ボランティアは名古屋で中心的な存在になっていきました。ボランティアグループの多くは、ともすれば活動のみに傾斜していく傾向があります。しかし、名古屋の婦人ボランティアは、学習と実践をボランティア活動の両輪としていました。ボランティア活動を実践する一方で、常に学習し地域の実態を調査研究することで、ボランティア活動を発展させ、より良い地域社会を目指していきました。そしてもう一つ特筆すべき点は、会議から研修に至るまで、活動のあらゆることを記録している点が挙げられます。

資料1◉名古屋市婦人会館ボランティアビューロー協議会（仮称）設立集会
1978年（昭和53年）11月2日　1p～3p／8p

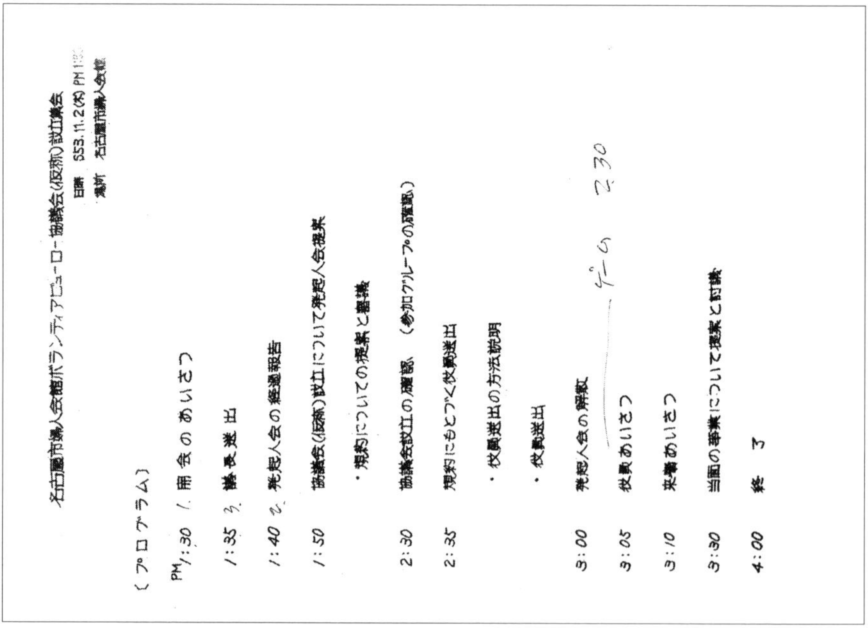
名古屋市婦人会館ボランティアビューロー協議会(仮称)設立集会

日時　S53.11.2(木) PM 1:30
場所　名古屋市婦人会館

〔プログラム〕

PM 1:30　1.　開会のあいさつ
1:35　3.　議長選出
1:40　2.　発起人会の経過報告
1:50　協議会(仮称)設立について発起人会提案
・規約についての提案と審議
2:30　協議会設立の確認　（参加グループの確認）
2:35　規約にもとづく役員選出
・役員選出の方法説明
・役員選出
3:00　発起人会の解散
3:05　役員あいさつ
3:10　来賓あいさつ
3:30　当面の事業について提案と討議
4:00　終了

経過報告

1. 婦人会館の建設

昭和49年から50年の始めにかけて、婦人会館建設請願が市内の婦人団体や婦人グループから市議会に出された。請願は50年2月市会で全面的に採択された。

50年度、始めて30万円の調査費が予算化され「婦人会館建設調査委員会」が、婦人団体、グループの代表、学識経験者、行政職員で設置された。婦人ボランティアグループからは「会館内にぜひビューローを」との声があがり、調査委員会で種々検討した結果、ビューローとして1室設けることとなった。

51年9月　建設調査委員会の検討終了
51年10月　実施設計に着手
52年3月　52年度市予算、市会通過、婦人会館建設工事費が認められた。
52年4月　建設工事に着手
53年7月　完成　　7月19日オープンした。

ボランティアビューローは、誰れもが気軽に出入りできるよう1階の西側に設置された。（面積26.7㎡、ボランティアビューロー事業費として年間約100万）

2. ボランティアビューロー協議会（仮称）発起人会の発足

婦人会館オープン以降、用意された室と事業費をどう婦人ボランティアのものにしていくか、一部の者の間で話し合うとともに、会館側の考え方なども確めてきた。一部の者の話し合いを通じ、婦人ボランティアグループが同じテーブルについて相談する機会がこれまであまりなかったことを痛感した。ビューロー設置を契機にグループ間の連けいをとって「婦人のボランティア活動を前進させていこう」、「ビューローの活用をはかろう」ということになり、協議会（仮称）結成のための発起人会を6人で発足させた。

3. 発起人会の経過

1)第1回発起人会（9月18日）
○ビューローの性格づけについて協議
　婦人ボランティアの「たまり場」、「センター」……誰れでも気軽に出入りできる雰囲気づくり
○ビューロー事業について協議
　学習と交流を中心にして
○呼びかけ方法、日程について協議

2)第2回発起人会（10月7日）
○協議会（仮称）規約案について協議
　強固な組織をつくることはしない。ボランティアの自由な協議の場にしたい。
○日程について協議

3)説明会（10月13日）
○ボランティアグループに呼びかけて規約案の説明、討議
　20数グループが参加

4)第3回発起人会（10月30日）
○協議会（仮称）設立集会の準備

資料2◉ボランティア活動者の立場から社会福祉協議会への提言
1981年（昭和56年）11月13日　全文

56. 11. 13

ボランティア活動者の立場から
社会福祉協議会への提言

1 はじめに

名古屋の婦人の間でボランティア活動を目指すグループが育ち始めたのは、昭和46年頃からです。

当時は、行政も地域もボランティア活動に対する理解などは殆んど無きに等しい状態でした。そんななかで必死になって活動の場を開拓し、ボランティアとは何か　を問い直しながら活動を続けた者たちの願いに応えて作られたのが　名古屋市婦人会館のボランティアビューローです。

名古屋市婦人会館ボランティアビューローは婦人ボランティア、及びそのグループの連携や交流、更に学習の場として活用されています。しかし、ボランティア活動を全市民の生活ニードと結びつけるためには、もっと市民各層との間に広がりのある拠点が必要であり、故にこそ来年オープンする総合社会福祉会館に期待する想いは熱いものがあります。

この総合社会福祉会館が、地域の諸ニードを的確に捉え、行政に正しく速やかに反映させるためには、公立公営で管理運営されることが望ましいと思いますが、全国的な流れとして総合福祉会館の運営については社会福祉協議会（以下社協）に委託される傾向にあり「住民主体の自主的な民間組織」である社協に

－1－

よせる期待もまた大きいものがあります。何故ならば　社協は民間社会福祉機関や団体の中心的な存在として「活動のかなめ」の位置にあるからです。

社協が「住民主体の民間団体」として機能するためには主体性の確立が前提として必要なことは云うまでもありません。ところが、現在の社協は形骸化しているといわれています。

このように社協を形骸化させた責任の一端は、私たちにもあるという反省に立って、社協を名実ともに民間福祉活動の中心団体として機能させるため、私たちボランティアも積極的に参加すべきであると考えます。私たちはすすんで社協活動に参加し、5年先、10年先、社協が社会福祉協議会基本要項を本当に生かした社協として活躍する姿を見るまで、働きかけていくことが大切であると考えます。

「福祉風土づくり」の中心的役割を果す拠点として建設される総合社会福祉会館には、ボランティアセンターの設置が計画されていますが、このボランティアセンターがボランティア活動推進に向けて、十分な機能を発揮することを期待しています。

特に総合社会福祉会館の管理運営が、市社協に委託され、ボランティア事業が市社協の事業の一つとして位置づけられているため、私たちは、社協の姿勢に対して強い関心を抱かざるを得ないのです。

－2－

私たちは、昭和37年に決められた社会福祉協議会基本要項に基づき、社協の基本的性格、機能、構成などの理念を研究協議し、他都市における社協の調査資料を検討した結果、ボランティア活動者の立場から、ボランティアセンター及び総合社会福祉会館の管理運営にたずさわる社協に対し、次のように提言を致します。

Ⅱ 市社協 と 区社協の関係

市社協と区社協の関係については、福祉風土づくりに向けて、ボランティア活動を展開する立場から大変かかわり深い問題であるだけに、現状だけで判断されるのではなく、将来展望も踏まえて、その機能分担を明確にすべきです。

200万市民を有する大都市名古屋で、全市一単位として、社協活動の浸透をはかろうとしても、それは到底不可能だと考えます。むしろ区を一単位として社協活動を、地域に住む者の側に立ってすすめなければ、効果は期待できないのではないでしょうか。

1 福祉風土づくりを目指す民間社会福祉活動をすすめるには、区レベルで行なうこと。

そのためには、区社協の体制を強化して下さい。

2. 市社協は全市的な立場から、各区の社協活動を把

握し、指導や調整を行ない区社協の活動を全面的に援助して下さい。

Ⅲ 社協の構成及び事業

〈基本的な性格〉

昭和55年「社会福祉事務所のあり方検討会」検討結果報告書によれば「社協は住民主体を原則として、地域の実情に応じ、住民の福祉を増進することを目的とする民間の自主的な組織でなければならない。住民主体の原則というのは、行政の責任を明らかにしつつ、住民の住民による自主活動をすすめていくことであり、ここでは住民が主体となって考え、創り出していく過程に、行政なり専門家が参加していくものである」と記されています。

私たちも上記のように考えます。これが単なる理念に終ることのないよう、早期に具体化し、実践に移すことが大切であると考えます。

〈機 能〉

社協活動はいつでも幅広く住民の声を受けとめ、住民の自発性を掘り起し、ボランティア団体などと共通の意識で取り組む体制を作ってほしいと思います。

1. ボランティア活動の条件整備

社協は、住民による住みよいまちづくりをすすめるために、民生委員、保護司などの制度化されたボランティア活動だけでなく

広く自主的な活動を展開しているボランティアに対しても相談から援助まで活動しやすい体制づくりをすすめて下さい。

(1) V活動に必要な調査にもとづく問題提起

地域内の福祉課題やニードを調べ、常に問題提起できること。

(2) 啓発活動

イ、社協機関誌などにより、ボランティア活動の内容や、その成果を広く住民に広報すること。

ロ、家庭、学校、地域などで、ボランティア教育の推進をはかること。

(3) 活動の場の開拓

イ、住民がいつでもボランティア活動に参加できるよう、地域や施設との連絡、調整を密にし、具体的な活動の場を開拓すること。

(4) ボランティアの発掘

イ、潜在ボランティアの把握

ロ、ボランティアについての住民意識調査など働きかけをすること。

2、ボランティアの主体的条件の強化

私たちは、ボランティア活動を善意にもとずく奉仕だけではなく、自発的、創造的な社会活動であると考えます。福祉のまちづくりのためにも自己教育のためにも次のことを望みます。

(1) 学習の機会づくり

イ、ボランティア養成講座の開催

— 5 —

ロ、実践活動の中から提起される諸問題についての学習講座の開催

(2) ボランティアの交流

イ、ボランティアを民生行政の分野に属する活動と限定しないで、市民の生活文化に関わる広範なボランティアの相互理解、連携、質の向上をはかるため、あらゆる機会に交流の場を設けること。

(3) ボランティア連絡組織の育成と援助

イ、市、区、学区でのボランティア連絡会など組織づくりをすすめ、日常的な連携を促進して、地域に定着させていくこと。

＜組織＞

「社協は人次第である」といわれます。

地域福祉づくりを推進させるためには社協にかかわる者の社協活動に対する理解と情熱如何によるところが大きく、特に直接、企画に参画するものや事業を推進させる立場の者の責任は重大です。

1、理事、評議員の増員

(1) 理事、評議員は単に形式的な方法で選任されるのではなく、あくまで、社会福祉に理解と情熱を持って日常的に活動している人の中から選んで下さい。

(2) 社会福祉事業法第74条第4項※による住民の社会福祉活動に直接関連しているメンバーの一つとして、行政が委

— 6 —

託しているメンバーのボランティアの代表も、市、区社協の理事、評議員に加え、発言の場を保障して下さい。

※ 協議会は社会福祉事業若しくは更生保護事業を経営する者又は社会福祉事業に奉仕する者から参加の申出があったときは、正当な理由がなければ、これを拒んではならない。

2 事務局の強化

行政職員が社協職員を兼務することは、公私の業務をあいまいにしています。社協業務のあり方を検討し、行政と民間活動の独自性と関連性をはっきりさせることが大切です。

(1) 民間団体としての主体性を生かすために、職員は行政からの出向や兼務ではなく、社協活動に情熱と理解を持つ者の中から公募し、専任職員の増員をはかって下さい。

(2) 社協職員は専門家として、福祉活動推進に関して、自ら企画、実践する能力を有し、適切な指導、助言することの出来る資質を持つ者であって欲しいと思います。

(3) 婦人ボランティアの中から活動経験ゆたかで適性ある者をコーディネーターとして起用して下さい。

3 活動母体

地域での福祉活動を実際に展開させるための母体は、既成の「学区連絡協議会」だけではなく、地域の中で自発的

主体的に活動している団体、グループを含めた組織を新たに構成することが望ましいと考えます。

(1) 区ごとにボランティアの登録を行い、ボランティアの組織化をはかるための条件整備をすすめて下さい。

(2) 名古屋に適した社協活動をすすめるために、民間福祉活動者、専門家、行政、市社協職員による福祉活動推進研究会（仮称）を市社協に設置して下さい。

＜財　政＞

社協の自主性、主体性を高めるためには、財政増強は大変大切であります。

1. 会員会費制の導入

会員としての自覚を高めるとともに、社協の自主独立性を高めるため会員会費制をとる方法を検討すること。

2. 共同募金配分金

共同募金の配分金は、地域の特性を大切にしつつ有効に利用して下さい

3. 福祉基金

事業費として効果的な運用をはかって下さい。

4. 公費助成の増額

人件費の助成及び地域福祉の充実を促すため、市に助成援助の増額を求めます。

以上。

資料3◉名古屋市婦人会館におけるボランティア活動のあり方について（中間報告）
1982年（昭和57年）6月16日　1p・6p〜12p／12p

昭和５７年６月１６日

名古屋市婦人会館運営審議会会長
前　田　　　殿

名古屋市婦人会館運営審議会
ボランティア検討委員会委員長
小　川

名古屋市婦人会館におけるボランティア
活動のあり方について　（中間報告）

当委員会は、昭和５６年５月１４日諮問のあった「名古屋市婦人会館におけるボランティア活動のあり方について」審議を重ね中間報告をまとめたので、ここに報告する。

P9でボラ協の評価と方向性が示された。

－1－

2　名古屋市におけるボランティア活動の流れ

名古屋市の婦人教育事業にボランティア養成が本格的に位置づいたのは、昭和４６年であった。同年、名古屋市教育委員会は、夜間高校施設の昼間利用という形で名古屋市婦人研修所を開くと同時に、文部省から「婦人奉仕活動促進方策研究」の委嘱を受けている。受けた動機は、①社会の変化・発展とともに、新たな婦人の社会教育活動を期待したこと。②婦人

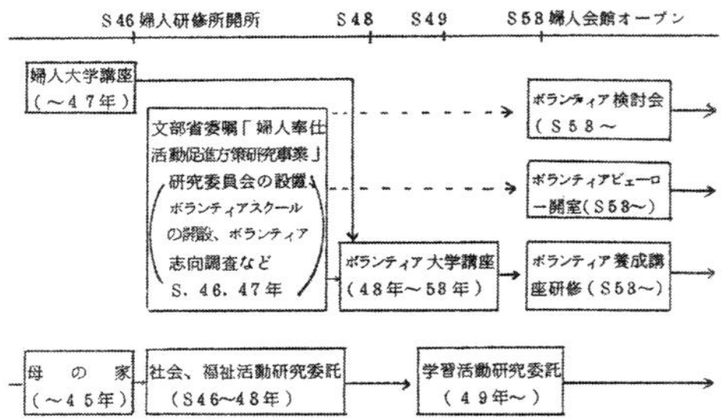

の学習課題としてとりあげてきた生活設計学習も個人の力では解決できなくなってきたこと③７０年代の課題が「社会福祉国家日本」であり、福祉風土づくりに婦人教育としても貢献する必要が生じたこと、であった（『名古屋市における婦人奉仕活動促進方策のまとめ』昭和４７年８月　参照）。

婦人研修所を拠点にして様々な研究事業が２年間にわたって行われた。研究の核となる研究委員会が、学者・実践家を中心に組織され、研究委員会が策定した計画にもとずいてボランティアスクールや婦人のボランティア志向調査、他都市実情調査などが行われた。一方教育委員会は、それら委嘱事業にあわせて流入青少年対策としてあった「母の家」を整理し、「社会・福祉活動研究委託」を新設して８年間に合計５５団体・グループに活動研究を委託した。昭和４７年末に研究委員会は、研究のまとめを行い、ボランティア活動を婦人の自己教育活動としてとらえ、新たな婦人の社会教育活動になると結論した。同時に、促進方策に

－6－

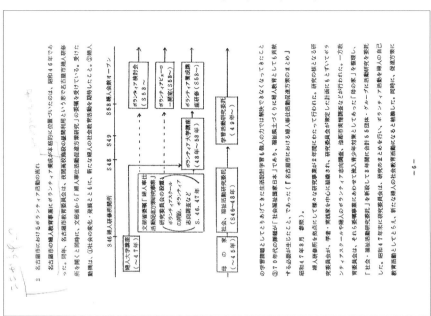

ついていくつか提言を行い、以降の婦人ボランティア活動に関する施策の骨格をつくりあげた。研究事業を終えた翌年の昭和48年に教育委員会は、婦人大学講座を「婦人ボランティア大学講座」に改め、49年に社会・福祉活動研究委託を「学習活動研究委託」に変えているが、提言によるところが大である。さらに現在の婦人会館ボランティア関連事業は、それら提言を受け継ぐものになっている。

昭和46年以降のボランティア関連事業が婦人に与えた影響は、大きい。既存の婦人団体グループの多くが、ボランティア活動を取り入れるようになった。また、たくさんのボランティアグループが、ボランティアスクール、大学講座の修了生たちによって組織されていった。誕生したグループ数は、昭和50年前後がピークになっている。そのように伸びた原因は、婦人の社会参加要求が増大しており、それがボランティア関連事業によって触発されていったことにあったと考えられる。ボランティアグループは、様々な活動上の困難にぶつかりながらもお互に交流し、励ましあいながら活動を継続してきた。とくに婦人会館の建設に当っては、活動の拠点となる〝たまり場〟設置の要望を出し、その実現と同時にボランティアグループ相互の連携を密にして活動を発展させようと協議会を発足させた。

そうした流れの中で昭和58年にオープンした婦人会館のいくつかの事業は、ボランティアの参加を予定して計画された。学習相談事業、育児相談事業、託児事業がそれであり、今日にいたっている。以上、名古屋市のボランティア活動に関する10年余りの経過は、前述の全国的な動向とほぼ一致しており、二つの側面がよりはっきりしてくる中で様々な矛盾が表面化してきている。

3. 婦人会館におけるボランティア活動

婦人にとってのボランティア活動の意義は、「貴重な人間としての成長の機会をふくんでいる」ことにある。それは、「（ボランティア活動が対象とする）仕事を媒介にした人間関係についての基本的な姿勢をもつこと」と同時に、「生き生きした学習による活動のうらずけ」及び「経験を深めあうこと、伝えあうこと」を通して実現される（前記 社婦55－(4) 参照）。また、社会教育に関しては、「すべての国民があらゆる機会、あらゆる場所を利用して、自ら実際生活に即する文化的教養を高めるよう」（社会教育法第3条）環境醸成が行なわれなければならないが、ボランティア活動は、とりわけ「実際生活に即する」学習活動

を豊かで実りあるものにしていくうえで積極的な意義を有している。

婦人会館の設立の主旨は、すべての婦人が〝学習と交流〟を通して自らの問題点を解決していく力を養うことにあった。ボランティア関連事業も、そうした設立主旨を根底にすえながら取り組まれてきた。主婦が圧倒的に多い婦人会館における学習活動にとっては、実際生活そのものを豊かにし、生活と学習のダイナミックな結合を実現していくうえで、ボランティア活動の果してきた役割は、これまでも大きかったし、今後ますます重要になろう。

なお、婦人会館が4年間に行ったボランティア関連事業は、次のとおりである。

	養成講座	研修および交流会	情報・資料提供
概要	○基礎講座コース ○手話、点訳、老人介護、介助病院、手できわる絵本、朗読託児、相談などの専門コース	ボランティア活動の歴史、今日の意義、責任問題グループづくりなどの研修および経験交流	○ボランティア活動の手引書の作成、配付 ○相談事業を通しての情報、資料提供
件数	19講座	9件	——
延人数	520名	656名	約1,200名

Ⅱ 婦人会館ボランティア事業の現状と問題点

（名古屋市婦人会館「3年の歩み」別紙資料 6）

1 ボランティア養成講座・研修会（別紙資料1—5）

この両者の開設に当っては、ボランティア・ビューロー協議会と会館職員が協議し、ボランティア自身が企画、運営に参加するという主体的な学習活動を保障する体制がつくられている。この点は、高く評価される。

しかし、講座内容において受講者が実際のボランティア活動を経験する機会が充分設定されていない点については、改善が求められている。また、ボランティア活動に参加している者に対する再教育の機会の充実も求められている。

2 ボランティア・ビューローの性格と機能（別紙資料 2・5）

ボランティアのたまり場としての室（ルーム）の開放によって、ボランティア間の情報交換、交流が積極的に行なわれていることは重要である。

この間の経過と実情からボランティア・ビューローは、ボランティアのたまり場としての性格を明確にし、ボランティア・ルームとして位置づけることが妥当であろう。

また、そのこととあわせて婦人会館とボランティア・ビューロー協議会との関係を明確にしておく必要がある。この間、協議会は、自らの活動を展開しながら婦人会館の事業、運営の重要な役割を果してきたし、その力を蓄積してきた。今後、婦人の実際生活を豊かにしていくうえでボランティア活動の果す役割がきわめて重要になると考えられ、婦人会館のボランティア活動に関する学習機会はいっそう拡充されなければならない。その際に必要なことは、婦人会館が自らの事業・運営を前進させるうえで欠くことのできない構成部分のひとつとして協議会を明確に位置づけることである。さらに、協議会が名実ともに自立した団体に発展するよう関係者のいっそうの努力が期待される。

3. 託児事業 （別紙資料 4・5）

託児事業は、月曜日から金曜日までの午前中のみ、2歳以上の幼児を対象に開かれ、3本の柱（①母親の人間的成長・子どもからの自立、②子どもの成長 ③託児ボランティアを中心とする婦人の連帯）を理念としている。事業の中心である託児そのものに関しては、本来の主旨からすれば、開放時間、日数の拡充、および乳児までの対象拡大が当然であり、その点においては、いまだ中途の事業にとどまっている。ボランティア事業という点においては、託児ボランティア自身の成長という位置づけをさらに明確にすることが求められている。

4. 電話相談事業

電話相談事業（学習相談、育児相談）は、専任職員を配置せず、ボランティアの相談員に基本的に運営が任されている。そのことと関っていくつかの問題点が指摘される。

1つには、学習相談という位置づけにも拘らず、実際には高度な専門性が要求される相談内容も相当数もちこまれ、現在のボランティア相談員の体制ではそれに対する責任ある対応が難しくなってきている。ボランティア相談員の相談内容に対する対応にも問題があり、それを調整・指導する機能の強化が求められている。この点については、責任をもてる相談員を嘱託として配置するという考え方もある。

また、ボランティア事業という点に関しては、会館主催事業としての責任を保障するとい

う体制が未確立となっている問題がある。この点に関しては、この事業に常時、指導・助言を行う専任職員の配置が求められている。

Ⅲ 婦人会館ボランティア事業のあり方について

婦人会館のボランティア事業は、上記の現状と問題点を考慮し、それぞれの事業に参加するボランティアの意向をできるだけ尊重し、会館の責任と役割を明確にしつつ、推進されることが必要である。

1. ボランティア養成とその構想

ボランティア養成は、婦人研修所以来すでに10年の歴史をもっている。したがって、その歴史と現状をふまえ、ボランティア養成事業の可能性と限界を明らかにしつつ、将来構想を樹立する必要がある。

その際まず重要なことは、初めてボランティア活動に参加する者に対する初級コース、ボランティア活動の経験を有する者に対する中級コース、さらにボランティア活動に関する研究活動をも含めた上級コースなど、養成コースの構造化をはかることである。また、養成コースの構造化に即して受講者に対する実践活動に関する情報提供等も、さらにいっそう拡充する必要がある。

2. 託児事業

託児事業は、若い母親の学習権保障を軸にしながら「母と子」の成長・発達をともに保障していくことを基本とする。

母親の学習権保障という点から会館における託児事業は、開設時間、日数の大幅拡充と乳児も含めた対象児童の枠の拡大を推進することが必要である。さらに、それぞれの地域における学習権保障を進めていくためには、すべての社会教育施設に託児室が設置されることが望まれており、婦人会館託児室はそのセンター的役割を担っていくことが考えられる。

また、会館託児事業がボランティア事業として取り組まれている点に関しては、ボランティアの成長の課題を明確に位置づけ、子育て講座（託児室積み上げ講座）の充実、及び母親ボランティア・職員の3者「交流会」をより積極的に位置づけられることが求められている。と同時に、保母職員への責任の集約体制を明確にし、ボランティアの仕事上の限界、位置づけを明らかにしながら、保母職員との緊密な協力体制を築いていく必要がある。運営に関する要求の民主的な組織化を進めるという点からも、3者「交流会」を位置づけ、発展させていくことが求められる。

8. 電話相談事業

電話相談事業は、その本来のねらいである学習相談や育児相談はもちろん、その背後にある生活上の問題を把握し、婦人会館事業に生かしていくうえで重要な方法のひとつである。

しかし、前述の問題点をふまえて、現在の相談事業を発展させるためには、その形態や体制の改善が必要である。

電話相談システムは、相談方法としては日が浅く、方法論的研究が極めて立ち遅れており、それ故に実践的にも固定的なシステムとしてとらえるのではなく、試行錯誤をも含めて柔軟な形態や体制づくりが求められる。

当面の改善方法のひとつは、相談を受ける方法を1対1対応のみでなく、むしろ1（相談者）対複数（相談員）とし、相談員相互の統一と相互研修に役立てるようにすることである。

いまひとつは、多様で専門的な対応が必要とされる相談内容の点からも、ボランティア相談員に対する指導体制の充実という点からも専任職員の配置を行うことである。

4. 関連行政・機関との連携・調整

婦人会館ボランティア事業を現実に実りあるものにしていくためには、関連行政機関との連携、調整を特に重要視していくことが必要である。

まず、情報の公開、交流という点に関わって、婦人会館のボランティア事業の進展を常に関連行政、機関に積極的にアピールしていく必要がある。また、運営審議会委員をはじめ、機会あるごとに関連行政、機関との人的交流を図る必要がある。さらに婦人のボランティア活動に関わる諸問題について共同調査、研究、事業の企画推進をはかっていく必要がある。

ボランティア活動が、関係機関のあり方によって多元的にとらえられることは望ましくない。市民のボランティア活動の量的、質的な発展という見地から、今秋に開館予定の総合社会福祉会館をはじめとする関係機関が、その点を特に留意し、ボランティアの代表も含めた場において、協議・調整していく必要がある。

— Ｐ教育と民生とそのへんでちがう。[illegible]一元化させるのは[illegible]
教育と市長部局の捉え方も同じで単純には考えてない。だから民生は行政の中の[illegible]
[illegible]
[illegible]
行政の部局の特性を言うと問題がない。ＶＢ活動は行政と行政のつながりをつけていく

－11－

近藤　地域も入れるようなＶＢのあり方。[illegible]地域でそれをうけていけるかどうか
ここは前に資料も[illegible]。

前田　○婦協との関係はどうか？[illegible]
だから目的別に分化していくことが発展と思う。

小川　そうではなく会館に対して自主せよということだ。

宮本　[illegible]前田とは反対。[illegible]ＶＢが必要（まとめとして）
Ｖの指導者が必要。

小川　ＶＢは団体を指す。ルームは空間、それが混同されているので[illegible]
空間の運営と、会館と婦協会との関係の二本立てで考えてほしい。（ルーム）

浅野　ＶＢ協の説明　資料（2）折り込み入っている。

小川　婦協にして学習だけではＶＢにはなれない。そこで実践が伴ってくる。
そこを社会教育法にしてどうするか
講座に反映させるには学習必要。[illegible]
関係で運営的なところをどうするか。（4）の他機関とのからみで[illegible]
この関係で[illegible]するのか。[illegible]（学習にしてＶ学習を[illegible]必要）
からどうするかが一番問題になるところ。
[illegible]
Ｐ11の多元的を単純に一元化するのは（精神主義）にも問題がある。だから構造的に[illegible]

宮本　[illegible]行政にはやらせないように対策されています。（反対すると）

新保　多元化をすすめていって、その結果としてまとめざるを得ないということになるんだから
よいのでは？

小川　行政ではダメだから住民からの[illegible]していく

近藤　これから地域[illegible]婦人が[illegible]していくとどうなるか！

小川　[illegible]

新保　育児相談[illegible]（婦人[illegible]）婦人センター[illegible]
よいのか。という問題提起ある。[illegible]ことが大切ではないか！地域の教育力を強めていくところをどうするのか！[illegible]
[illegible]
[illegible]

荒川　学習の場としての研究事業と位置づけて討論してほしい。

婦人会館ボランティアビューロー協議会の"団体化"

についての話し合い資料　（S57. 8. 19 発行）

《名古屋市婦人会館ボランティアビューロー協議会》

I、現在の協議会について

① 曖昧さを残す協議会の性格

婦人会館のオープンとともに出発した協議会は「規約」上でも明らかなように多くの曖昧さを残しています。自主的な団体なのか、そうでないのか、特に外からみるとわかりにくいわけです。いくつかの点をあげてみると、

- 事務所を「ボランティアビューロー内におく」となっていますが、一般的に自主的な民間の団体が公共施設内に事務所をおくことはありません。
- 協議会の事業のひとつに「婦人会館ボランティアビューローの事業にかかわってその充実を図る」となっていますが、自主的な民間団体ならば独自の目的と事業が明文化されているはずです。
- 協議会の構成について「グループから選出された代表者によって」とされていますが、団体ならば、会員によって構成され、必要な組織がつくられるはずです。
- 経費について「グループからの分担金」となっていますが、団体ならば構成員の会費によってまかなわれるはずです。

したがって現在のボランティアビューロー協議会は、ボランティアの自主的な団体ではなく、ボランティアグループの交流機関と婦人会館ボランティアビューローの運営委員会的性格をもっているものと理解されています。

② 曖昧さを残して出発した理由

出発する時点で曖昧さがあることは分っていたわけですが、あえて曖昧さを残した理由がありました。その最も大きな理由は、ビューローの性格、機能を将来にわたってどのように考えるかが確立していなかったことによるものです。新たに①総合社会福祉会館の中にボランティアビューロー的性格、機能をもたせることが一方で予定されており、それとの関係で婦人会館のビューローをどのように構想するのかが、検討されていませんでした。したがって、その時点では、総合社会福祉会館の推移をみて改めて考え直すこととし、その間の婦人会館ボランティアビューローに対処するため上記のように多分に曖昧さをもつ協議会をつくることにしたという経過がありました。もうひとつの理由は、②婦人会館がオープンする以前から婦人ボランティアグループ間の交流は行なわれてはいましたが、相互理解が充分すすんでいたわけではなく、一気に協議会が団体として出発できる状況にはありませんでした。学習や交流を積み重ね、協議会のあるべき方向を模索していくということで出発したわけです。

③、性格をはっきりさせることの必要性

そのような形でつくられた協議会も、その性格をはっきりさせなければならない時期にきていると考えられます。

- この間協議会は婦人会館を利用しながら学習や交流を積み重ね、着実に力をつけてきました。特にそれが公費によってまかなわれてきたことを考えると、性格をはっきりさせることは、私たちの社会的責務であると考えられます。
- 総合社会福祉会館が福祉の風土づくりの拠点施設として今年の11月にオープンすることとなりました。そしてその中にボランティアセンターが置かれ、全市的なビューローとして活動を開始する予定になっています。さらに婦人会館運営審議会は、ボランティア事業のあり方について9月末には答申を出すことになっており、私たちのまわりの動きも活発になっています。当然協議会の現在のあり方が問題にされてくると考えられます。
- 多くの婦人から"わかりにくい"という声がでています。このまま放置すれば、ボランティア活動そのものが誤解されることになりかねません。ボランティア活動についての正しい理解を得、活動をいっそう発展させるためにも性格をはっきりさせなければなりません。

II、これからの協議会のあり方について

7月13日に行われたビューロー臨時協議会は、これからの協議会の基本的なあり方について討論し、「ボランティア活動の本旨にもとづいて協議会の性格を明確にしていく」ことを確認し合いました。そしてその方向は、「婦人会館ボランティアビューロー運営委員会的性格を排して、ボランティアの自立した"団体"に改める」ことで、今後努力していくことになりました。

（注）協議会でのこの確認は、協議員それぞれの考え方にもとづいて行ったものであり、グループの意見はもちろん入っていません。今後各グループで話しあいをしていただき、意見を出していただいたうえで団体化できるかどうかも含めて判断していく予定になっています。

III、協議会を団体化することの意義

団体化していくためには、IV章で述べるようにいくつか克服しなければなりません。たいへんな困難がともないますが、団体化を提案するのは、次のような意義をもつからです。

① ボランティア活動の本旨をふまえるために

ボランティア活動は一般的に「この社会で必要とされ、共同の責任でもある仕事を自発的にかって出て、組織的に実行すること」（名古屋市教委「婦人のボランティア活動」）と言われています。そしてボランティア活動は「家業、職業活動に対する自由意志に基づく活動を意味するが、同時にそれは、国、地方公共団体などの公権力からの自由をも意味し……市民活動ないし自己教育活動としてとらえられ……行政への住民参加の一形態

としてとらえられる」（婦人会館ボランティア検討会 中間報告）ものです。つまり、ボランティア活動は、誰からも拘束を受けない自発的活動を前提として行われるもので、その組織の性格は、任意的で、自立したものであることが望まれます。そして行政との関係では、自主的な立場から問題点を明らかにし、新たな課題を提起するという住民参加として理解されることが大切で、単なる行政の補完ではないわけです。したがって、協議会のあり方もそうした主旨をふまえ、自立した団体と改める必要があると考えられます。

なお、行政への住民参加の制度的保障として様々な審議会や委員会が法的に認められていますが、多くの場合〝団体の代表〟となっています。ボランティアが住民参加していくためには、自立した団体を構成することも非常に重要になるわけです。

② ボランティア活動の量的、質的発展のために

これからのボランティア活動は、地域をみつめて行なわれなければなりません。いま、福祉の風土づくりとか、文化の香り高い街づくりとか言われますが、いずれも地域での市民活動の発展を期待しています。なぜなら、地域をぬきにして市民生活の向上はないからです。よくボランティア活動は〝他人のためにするのではなく、自分のためにするのだ〟と言われますが、自分の地域をよくしようとする活動は、ボランティア自身の将来の生活にかかわるものです。障害者や子ども、老人が住みよい街とは、ボランティア自身も住みよい街にちがいありません。

ところが現在のボランティアグループは、手話、点訳、介助、病院、障害児施設、子ども、老人にというように専門別、対象別に組織されています。そのことは、非常に重要ですが、それだけで終らせるのでは、市民の全生活にかかわる活動ということにはなりません。もし地域でボランティア活動を志す人々、専門的力量をもった人々が結び合い、活動することができたなら、ボランティア活動は、市民生活にかかわるものとして量的、質的な発展をとげることは、明らかです。つまり（専門別、対象別のボランティアグループという〝縦〟の関係と、地域で結び合う〝横〟の関係を組み合せることによって活動を発展させる必要があります。）これまで、縦の関係では、いくつかのグループが生まれ、協議会に加入しているボランティアグループのメンバーだけでも600名を越えるようになっています。これを地域（例えば行政区）に根づかせるには、現在のグループを基礎にしつつも協議会が会員制をとって、横につなぐ活動をすすめることが重要になっています。行政サイドでも、この間、社会福祉施設や社会教育施設など、地域活動の拠点施設をつくってきました。それに、前述のように今年11月には、総合社会福祉会館が、福祉風土づくりの拠点施設としてオープンする運びです。これらの施設を有効に生かすことが求められているわけですが、ボランティア側からも積極的にその有効利用を考え、実践していくことが大事です。従来のグループの枠をのりこえ、地域でボランティアが結び合って、活動を発展させるために、協議会を団体化していく必要性があります。

交流代表から団体へ

③ 婦人会館との関係をはっきりさせ、活動を発展させるために

この間、婦人会館も利用して、ボランティア活動についての学習や交流を積み重ねてきました。婦人会館運営審議会のボランティア検討会中間報告は、私たちの活動を評価しながらも、今後いっそう発展する条件をつくり出すために、要約すると次のように言っています。「現在のボランティアビューローを、実態に即してボランティアのたまり場として位置づける。したがって名称をボランティアルームに改める。協議会は、自立した団体として発展することが望ましく、婦人会館との関係では、新しい創造的な協力関係をつくりだすことを期待する」と。つまり、協議会が自立した団体になることによって、婦人会館との新しい関係をつくり出し、そうすることによって婦人のボランティア活動のよりいっそうの発展を期すという考え方です。私たちは、その中味をしっかり受けとめる必要があります。特に、障害者問題、老人問題、子どもの問題など婦人問題に大きくかかわる問題を解決していくうえで、私たち自身が自立し、連帯を強めていかないことには、見通しがたちません。活動も前進しません。その意味でも中間報告が述べていることは、適切だと考えられます。

婦人会館の活性化は側面援助の一つの方法である。

Ⅳ、団体化するうえに必要なこと

① 名称の変更が必要になります。

現在の婦人会館ボランティアビューロー協議会という名称は、ビューローの運営委員会的な性格を規定してつけられたものです。自立した団体にするためには、それにふさわしい名称の変更が必要です。

② 事務所の設置場所の変更が必要になります。

現在は、ビューロー内に置くとなっていますが、自主的な民間団体が公けの施設内に事務所を置くことはあやまりです。したがって、当面、会長宅とかその他の役員宅に置くよう改めることが必要になります。

③ 事業内容の変更が必要になります。

交流事業はいいわけですが、〝婦人会館ボランティア事業にかかわって〟という項目をはずし、独自の事業を明示することが必要になります。例えば、学習・研修機会をつくる。広報紙を発行する。情報・資料の収集、提供を行う。地域活動に必要な事業を開く等。

④ 会員制をひく必要があります。

ボランティア個々は、現在所属するグループの会員であると同時に、協議会の会員となります。したがって、グループ内の活動をするだけでなく、協議会の活動にも加わりますから、活動の質が変ってきます。もちろん、協議会とグループとの間で調整が行われ、無理のない活動にしていくことが大切です。

結成総会報告

57．9．27

なごや婦人ボランティア協議会

日時　昭和57年9月10日（金）13時30分～16時
会場　名古屋市婦人会館　大研修室
出席　98名（19グループ）

御来賓名

名古屋市地域婦人団体連絡協議会長	近藤	様
愛知県社会福祉協議会参事	横山	様
名古屋市社会福祉協議会事務局長	外山	様
名古屋市社会福祉協議会事業部長	飯田	様
名古屋市中区社会福祉協議会	三宅	様
名古屋市民生局総務課主幹	井手	様
名古屋市教育委員会社会教育課婦人係長	大平	様
なごや消費者団体連絡会会長	佐々木	様
名古屋市市民局婦人問題担当室室長	中山	様
名古屋市婦人会館副館長	浅野	様
名古屋市婦人会館事業係長	斉藤	様
名古屋市婦人会館指導員	堤	様

祝電をいただきました。

名古屋市長	本山	様
中部善意銀行	山本	様
名古屋クラブ婦人団体連絡協議会長	澄川	様

多数の御来賓をお迎えし、100名近い会員の皆様の御出席をいただき、なごや婦人ボランティア協議会結成総会が開催されました。司会は伊藤　　議長を石榑　　によって議事がすすめられました。

〈議事〉

1. 「なごや婦人ボランティア協議会」結成の経過報告が野村準備委員長よりなされ、皆様の了承を得ました。

報告の要旨

私たちは、婦人ボランティアグループの連帯と交流を深めボランティア活動を発展させることを目的に、S53年11月に名古屋市婦人会館ボランティアビューロー協議会を結成いたしました。このことにより婦人ボランティアの活動の輪が広がり発展させることができましたし、私たち自身もそれなりの力をつけて独自の事業にとり組み、内部も充実して参りました。このような折、本年11月に市総合社会福祉会館が開館されることになりそこへボランティアの声を反映させるための条件として団体化することが打ち出されました。幸い婦人会館も団体化に期待して、応援して下さいまして、ここに団体化に踏み切った次第です。

7月12日の臨時協議会で、団体化に向けてとり組むことを了解していただき、以後、学習会、検討会、規約原案準備、規約検討会を重ね、8月27日名古屋市婦人会館ボランティアビューロー協議会を解散し、同時に発足準備委員会を設け、本日の結成総会の運びとなりました。

2. 規約の説明 提案を橋本　より行ない 賛成多数で原案どおり可決されました。

3. なごや婦人ボランティア協議会 結成の確認

あらかじめ届け出られている準備委員と所属グループ（19グループ）が読みあげられ、なごや婦人ボランティア協議会 結成が承認されました。

4. 57年度 会長ならびに役員選出

本来は規約第10条により選考委員会が設けられるのですが、(1) 規約が承認されたばかりであること (2) 年度の途中であることの二つの理由により、本年に限り現行の役員会をもって選考委員会にかえることが議長より提案され承認されました。

前役員会を代表して 野村文枝より 提案。

名古屋市婦人会館ボランティアビューロー協議会の事業を継続していく関係上 途中で役員がかわるのは事業の上からも支障があるので 現在の役員の留任、一部都合による交替、会計1名補充について提案がなされ、次の方たちが選出されました。

会長	野村文枝	（地域ボランティアさつき会）
副会長	石榑	（ふじの会）
	橋本	（グループ ボイス）
書記	有賀	（婦人学習相談員グループ）
	清水	（グループ若草）
会計	伊藤	（緑区地域ボランティア）
	二村	（虹の会）

尚 会計監査も引続き亀井　（育児相談もみじの会）が承認されました。

5. 発足準備委員会解散宣言　野村文枝委員長

6. 新会長 野村文枝 挨拶

名古屋市婦人会館ボランティアビューロー協議会を発展的に解散して、新しくなごや婦人ボランティア協議会が結成されました。今まで御指導、御協力をいただきました婦人会館をはじめ 各関係機関の皆様に御礼申し上げます。

これからは ボランティア一人一人が会員であるという自覚をもち、巾広い活動をすすめて参りたいと思います。皆様の御協力がいただけます様 よろしくお願いいたします。

7. 57年度予算案を会計の伊藤　より提案し、
原案どおり承認　可決されました。

8. その他

① 57年度事業計画について書記の有賀
より提案し　原案どおり承認　可決されました。

② 規約にもとずいた協議員選出依頼

新規約第10条により「役員は選考委員会を設けて
会員から選考し……」となりました。したがって
役員は各グループの代表とはなりません。
協議員は規約第12条2により「……各団体、グ
ループから選出された1名の協議員……」とな
っていますので　各グループの代表として　新しい協
議員を選出していただくことになります。
役員が協議員を兼ねることは出来ますが、グループ
の意見を反映させるためにも　協議員を出して
いただくことを歓迎いたします。
※ 9月30日までに新しい協議員の名前を御提出下さい。

以上で　議事のすべてを終了いたしました。長時間にわたり
御審議いただきありがとうございました。

お知らせ

① 定例協議会を開きます。
日時　10月8日(金) 午後1時半～4時
会場　婦人会館　第2研修室
議題　障害者と市民のつどい　バザーの件
総合社会福祉会館オープンバザーの件
東海北陸ブロックボランティア研究集会について
協議会だより
金曜サロンの当番
その他

当日　会員名簿に会費をそえて提出していただきますので　協議員の皆様　よろしくお願いします。

② 障害者と市民のつどい　バザーのお手伝いのお願い

※ 日時　10月7日(木) 9時～午後3時
場所　名古屋市北部高年者能力活用センター
(東区芳野2丁目3-7　TEL 932-2801)
人数　20名(各グループから1名ほどお願いします)

集合場所
名鉄瀬戸線　尼ヶ坂駅ホーム(降りたところ)
(栄から3つ目)
時間　10時　作業は簡単なものです

昼食は御用意いたします。

※ 日時　10月24日(日)バザーの当日の売り子さん
場所　栄パーク　テレビ塔附近です
人数　20名(各グループから1名ほどお願いします)

お手伝い下さる方は　有賀まで申し込んで下さい。　10月5日までに
TEL
夜8時以後　おそくても結構

資料6◉市政懇談会記録＝婦人ボランティア活動を考える＝
1984年（昭和59年）12月6日　表1・表2・9p〜14p/27p

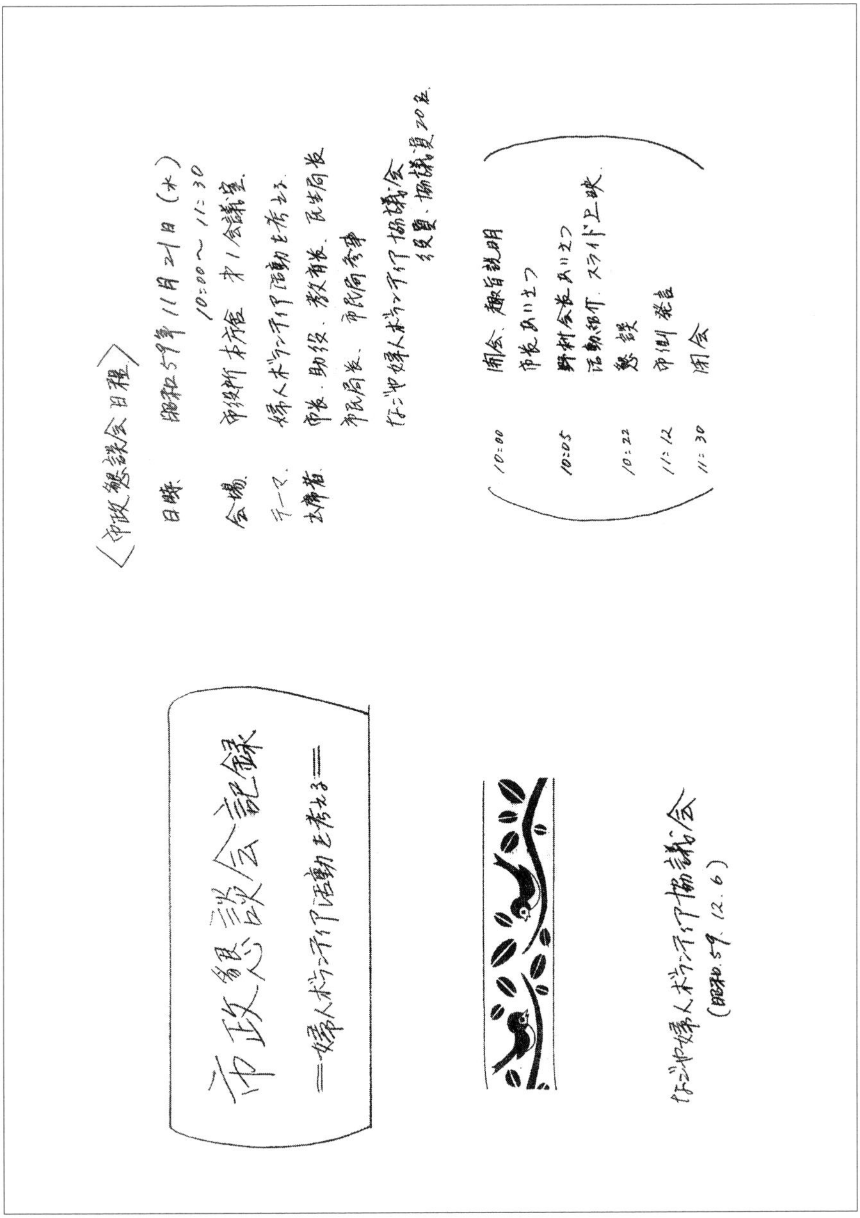

市政懇談会記録
＝婦人ボランティア活動を考える＝

なごや婦人ボランティア協議会
（昭和59.12.6）

〈市政懇談会日程〉

日時　昭和59年11月21日（水）
10:00〜11:30
会場　市役所本庁　第1会議室
テーマ　婦人ボランティア活動を考える
出席者　市長．助役．教育長．民生局長
市民局長．市民局参事
なごや婦人ボランティア協議会
役員．協議員20名

10:00　開会．趣旨説明
市長あいさつ
10:05　野村会長あいさつ
活動紹介．スライド上映
10:22　懇談
11:12　市側発言
11:30　閉会

に集り行事もいたします。

白井　地域で病気療養中の方方の援助をしています。区の福祉事務所の中にVビューローができるとして、いつでも、誰でもが、気軽に利用できる場になるかどうか心配です。

野村、福祉事務所は一般の人には関係のない場所と思っている人が多いので、誰でも利用できる場と考えると　ほかの所の方がと思うのです。地域に開かれた施設だと聞いています。山梨県のVセンターに先日行って参りましたので、その様子を話して下さい。

有賀、婦人会館の相談事業に関わっています。山梨県のVセンターに伺って　才1に甲府市の中心地の交通に便利な所にあること。才2に子どもから老人まで、障害者も含めて　みんなが自由に気軽に出入りしていること。学校帰りの子どもたちも来ていましたが、とにかく交流の広場として、生かされている様子に接して大変うらやましく思いました。

そのVセンターは昭和53年7月にオープンし、59年3月末までに、1日平均10団体、約160人が利

— 9 —

用していることからも、非常に開かれた場所だということがわかります。職員6名のほかに、Vの人たちも運営に参加しており、その中には県庁の職員有志の方たちが夜間の事務Vとして交替で参加しています。このように、県、県教育委員会、県社協の連携とVも一緒になってやっていて開かれた場所として生かされているのがわかりました。

そこで先程から出ていますように、福祉事務所よりもっとほかに、みんなに馴染みのある所として、たとえば、各区の福祉会館に設置されたらいいのにと考えています。

市長、そのVセンターの場所は、

有賀、甲府市内で、住所は丸ノ内になっていますので、市の中央部だと思います。

民生局長、福祉会館はご老人が風呂に入ったり遊んだりしていますが、あれはあれで意義のあることだと思っています。4階建だということだが全部を使っているのか、名称は、

有賀、そうです。1階がロビーで自由に誰でも利用できる所になっていまして、名称はVセンターです。

— 10 —

民生局長．確かに、今いわれたように社協の会館ができた時、Vビューローを作りました。各種団体の方たちもみんな「私たちのたまり場をくれ」といわれるが、物理的に対応できない、いつも使っていただくわけにはいかないが、言っていただければ、何とかできる場合もあると思います。

区のVビューローについては、福祉事務所は建物的にはおそまつです。1人2人なら別だが、みんなが行ってもたまり場にはならない、だからほかにということだろうが、社協自体としては、福祉事務所にあった方が、やはりいいわけです。確かにV協議会の方が、たまり場をといわれるのはその通りだと思います。

そういった点で、Vの方を発掘し登録してもらい、5000人くらいになりましたが　その意味ではビューローが必要だと思いました。が、福祉会館といわれても　むしろ狭い狭いというご意見を利用者から聞いていますので、物理的にできるかできないかという問題もあります。

全区にとはいかなくても　1ヶ所ぐらいそういったものがいる　という感じを持ちましたので、検討

— 11 —

させていただきます。

野村．是非、お考えいただきたいと思います。今いわれたように、福祉を自分たちが主体的に作っていこうとする場合に、自治の問題は大事だと思います。自分たちの町は自分たちで主体的に作っていかなくてはいけないという集団意識、自律的な集団といわれていますが、コミュニティづくりに向けてとり組んでいこうとすることが大事になります。その意識づくりは社会教育の領域に入るのではないかと思います。

亀井．婦人会館で育児相談をしています。学習や地域活動はまず自分で実行するものだと思います。V活動をしている者として　やはり自分自身が学習して、実践を通して身につけて育っていくのだと考えています。その意味で社会教育や、福祉関係、コミュニティ活動は互いに深い関係があると思います。

野村．このような意識をもちながら、しかも、活動拠点を行政と一緒に作っていくこと、山梨のような行政と行政の方たちのV活動、それから住民が積極的に参加して作っていく　という形にしてい

— 12 —

きたいと思います。

塩崎．老人や療養を要する方の回復期の介助をしています。私たちのグループでは、区のケースワーカーや福祉協議会の職員、民生委員の方たちと話し合いや相談する場、交流する場があればいいと願っていました。区のビューローに、そのような場を位置づけていただきたいと思います。

野村．Vのたまり場を、地域の中で作っていただきたい。その運営にも参加したいのですが、今問題になっているのは、女の人は企画する人ではなく、女の発言も入りにくいと思います。

山田．親子朗読などの文化面でのV活動をしています。地域の中で実際に動くのは女性で、企画面は男性がということになっています。地域の実情を知っている女性の声も、区レベル、学区レベルの企画にも参加する場があると、もっと住民に密着した活動になるのではないかと思います。

市長．地域に起きる実際問題について民生委員の方たちと、みなさん方の交流は全然ないのでしょうか。

野村．Vをやっている人の中でも民生委員はいますからそういう人から民生委員の考えや声をいただくつ

ながりはあります。民生委員とVの直接的な話し合いの場はありません。

市長．ましてや、今のお話のようにたまり場もないと交流も難しいですねえ。

野村．やはり、たまり場ができるとすれば、是非そういう話し合いや研究会を作っていただきたいと思います。

山田．福祉会館などにVビューローが設置されて、福祉事務所から外へ出した場合、現在区の社協職員は2名ですが、2名の方で対応なさるのは大変ではないかと思いますし、増員となると、難しいと思います。私どもの協議会では、昭和56年の市社協への提言として、各区の社協のV事業に、婦人Vをコーディネーターとして起用していただくように提言しています。このこともお考えいただければと思います。

民生局長．まず第1はたまり場に尽きると思います。2番目には、ご婦人の方の意見が受け入れることのできる場の設定、婦人の方の声を聞く延長線上にも「たまり場」の必要性があります。

吉田．長く入院しているご老人の生活介助をして

資料7◉ボランティア研修会　ボランティアの社会的責任を考える
（昭和56年）2月24日　1p～4p/36p

ボランティア研修会

ボランティアの社会的責任を考える

昭和56年2月24日　PM1～
名古屋市婦人会館　視聴覚室

◎講　師　日本社会事業大学　大橋　　先生

運営委員
司会　伊藤　さん
記録　牛田　〃
〃　橋本　〃
受付　田中　〃
〃　原　〃
会場　内村　〃
〃　津田　〃

§　開会のことば（伊藤　　　）

津の子ども会裁判をはじめ、ボランティアの責任が社会的に問われています。今日は、大橋　　先生の講演をうかがい、ボランティア活動の見直しと、より良い活動を見つけ出すため、研修を深めていきたいと思います。

§　あいさつ（浅野副館長）

55年度、ボランティア研修会に東京から大橋先生をお迎えすることができました。今年は国際障害者年、私共が障害者とともに、どのように活動したら良いかという点についても、ご講演の中から学びたいと思います。
研修会開催にあたって、婦人会館ボランティアビューロー協議会の皆様のご協力を得ました。本日の研修会が、ボランティア活動をなさる方、なさっている方にとって実り多いものであることを期待しております。

—1—

§　事前研修会報告（野村文枝）

技能ボランティア、施設ボランティア、地域ボランティアの三部門に分かれて話し合った。

＜技能ボランティア参加グループ＞
ひまわりの会、しろく会、種の会、名古屋朗読研究会、グループボイス

＜施設ボランティア参加グループ＞
いなほの会、よつば会、みどりボランティア、労力銀行、生きがい相談
育児相談　もみじ会　読児の会　たんぽぽ

助言者、荒川社会教育主事、堤指導員

＜技能部門＞　1月30日（金）　10:00～12:00

昔とちがって　ちょっとした事故でも責任を問われる社会で、自分達がボランティア活動をしているということを常に念頭に置くことが大切であろう。万一事故に出会った場合刑事問題にならなくても、事故を起した当事者として、道義的責任は、その人の中に一生残るであろう。その時、自分はどのように対応するのか、事故に対するしっかりした信念を持つことは大切であろう。
また、活動の性格上、対象者の生活身上まで立入るケースになることもあるが、ボランティアはどこまでかかわるべきか、どこまで責任を持つべきか、単なる思いつきや善意でボランティア活動をするのではなく真のボランティア活動にするために、充分な学習をし、状況把握のできる能力を身につける。
点訳、手話ともに新しいニードが出てくるし、朗読もより質の高いものが求められるので、学習のための裏方を担う人も大切にしなければいけない。

—2—

各々が役割を担って、責任を果すことが、ボランティア活動をする上で一番大切なことではないだろうか

〈まとめ〉

① 学習をすること

② 対象者のニードを捉えて 責任を持った仕事をする。

情報交換、交流をすすめる中から、ボランティアが連帯して福祉の充実を行政に働きかけていくことが、ボランティアの担うべき責任ではないだろうか。

〈施設部門〉

施設でのボランティア活動は、施設の責任指示のもとで行われることが多いが、ほとんどの場合、施設側と充分に話し合われてはいない。

事業主体が明確な場合は逆に、事故責任問題も含めて、活動が制約されるケースも報告された。また直接 援護活動でない領域でも、常に情報が正確であるかどうかということになると、情報提供者の責任も生じるであろう。

活動を通じて食品公害の恐しさも知った今、その防止のために活動することはボランティア活動とともに進めなければならない役割である。

〈まとめ〉

ボランティア活動の中で一人ひとりの人間としての生き方が問われ、生活の中から出てくる問題をきちんと受けとめて社会に伝えていく運動、そのパイプ役がボランティアではないだろうか。

〈地域部門〉

○２月２日（月） 13:30～16:00

地域ボランティア参加グループ　　にじの会　地域すきっ子会　こぶしの会
地域すみどり会

事故の責任について、津の子ども会裁判では、ボランティア個人が訴えられた。一方コミュニティづくりへの市民参加の手段として、ボランティア活動の推進が行われている。改めて、ボランティアは自分の活動を見直さざるを得ない。

ボランティア活動をする側は、自分の活動をどう捉え、どう自覚するのかが問われ、市民として、自分達の活動が、社会にどう結びついているのか考えねばならない。

施設ボランティアのように専門職員の指導による活動でない地域ボランティアの活動は、事故責任の所在が一番気にかかる点である。

名古屋市では、地域ボランティア活動と行政とが、きちんと結びついていない。従って、ボランティア活動に対する行政の対応はまちまちである。

私達自身、事故を起こさないように常々学習はしているものの、グループの力量において、どこまで保証できるのかわからない。

法的保証はボランティア保険に加入しているのみである。このような消極的な対応だけでなく、ボランティア活動を市民が共同で担うべき社会的活動として位置づけ、ボランティア活動を推進する側が、きちんと対応して欲しい。

〈まとめ〉

① 共同で責任をおうために、ボランティア自身が社会的責任を自覚するため学習を進める。② 公的責任体制の確立をねがう。

資料8◉ボランティア公開研修会　テーマ　ボランティア活動のめざすもの
—山梨県ボランティア協会の活動に学ぶ—

ボランティア公開研修会

1986.2.6.

テーマ

ボランティア活動のめざすもの

— 山梨県ボランティア協会の活動に学ぶ —

講師

山梨県ボランティア協会

事務局次長　　岡　　　氏

講師略歴

甲府に住む。昭和18年生れ。昭和42年中央大学法学部卒業。昭和50年、山梨県社会福祉協議会の仕事につく。昭和52年、山梨県ボランティア協会が発足して以来、その仕事をしている。

岡先生のお話

昨日、塩尻の駅で高令婦人が重い荷物を持って跨線橋を登る時のこと、中年の婦人がさっと近寄り、その荷物を持って階段を登って行った。登った所でその婦人が別れたので、今度は私が声をかけて荷物を持ってあげ階段を降りて行った。ごく当り前のできごとだが、案外盲点になっている部分である。それぞれの町の駅は、とても近代化され合理化され便利になったが、身障者やお年寄りにとっては不自由な面が多く、何かが欠けている。便利さの中に不便さを温かくカバーするものが欲しい。

我々のボランティア運動は、時として超特急に合わせる部分もあるが、時には鈍行に合わせるところも持ち合せていることが必要不可欠である。一番ゆっくり行く人に合わせることを大切にしていきたい。ゆっくり確かに進んでいく部分を大事にしていきたい。ともに生きることの実践の輪を広げていきたい。そのような願いで、こういう仕事を続けている。その中で我々が確かめねばならないのは、昨日より今日、今日より明日と良いものを育てていかなければならない。そのような前向きに創造的に行動するボランティアの歩みを育てていきたい。

山梨県ボランティア協会は、昭和52年1月28日に発足した任意のボランティア団体（民間）である。行政と社会福祉協議会とボランティアとのかかわり、このかかわりについて、山梨県では、「公私協働」という言葉を使っている。我々が拠り所としている山梨県ボランティアセンターは、公私協働の理念に基づいて建設され、そこから民間運動を展開している。

スライドの説明

① ボランティアセンターのロビー。一階。道路からスロープで入れるようになっている。自由の広場という考え方を大切にしている。

② センターへ来た身障者。足で電話をかけている。どんぐり牧

【資料1の解説】
名古屋では1971年（昭和46年）ごろから、教育委員会主催の「婦人ボランティア養成」を目指した講座から出発した団体がたくさんあります。官製で始まったボランティアは、行政の下請け的なイメージを持つと思われますが、徐々に自立していき、行政に対して、対等な立場でものを言う自立した団体となっていきます。やがて、婦人ボランティアグループが連帯して、行政にボランティアのたまり場の設置を働き掛けていきました。1978年（昭和53年）7月に婦人会館がオープンすると会館の一室にボランティアビューローが開設されました。同年11月には、資料1にあるように名古屋市婦人会館ボランティアビューロー協議会が設立されました。この協議会には、当初15グループが所属していました。官製ボランティアのように見えますが、行政に対等な立場で発言する自立的な団体としての設立でした。

（資料1）名古屋市婦人会館ボランティアビューロー協議会（仮称）設立集会　1978年（昭和53年）11月2日　1p～3p／8p　（資料No939）

【資料2の解説】
名古屋市は、1982年（昭和57）に総合福祉会館を竣工し、そこにボランティアセンターを設置すると発表しました。それを受けて、名古屋市婦人会館ボランティアビューロー協議会は、1980年（昭和55年）から2年間かけて、婦人会館の協力を得て、憲法第25条、名古屋市基本計画、社会福祉協議会の歴史と事業を学習していきました。また、名古屋市婦人会館ボランティアビューロー協議会が独自に専門委員会をつくり約30回の討議を重ねて、1981年（昭和56年）に社会福祉会館を運営する名古屋市社会福祉協議会と名古屋市へ資料2の提言書を提出しました。この提言書には、社会福祉協議会の機能、組織や財政、地域との連携の在り方など、住民主体の福祉を促進するための提案が書かれていました。しかし、この提言書の提出は思わぬ波紋を引き起こしました。名古屋市婦人会館ビューロー協議会は、外部の人からは文字通り婦人会館のお抱えボランティアに見られたのでした。そのため、行政の一部から「この提言書は婦人会館の『やらせ』だ」と誤解されてしまいました。

（資料2）ボランティア活動者の立場から社会福祉協議会への提言　1981年（昭和56年）11月13日　全文　（資料No921）（※参考：資料No1006では、専門委員会設置から提言書提出までの詳細な取り組みの流れが確認できます）

【資料3の解説】
婦人会館でのボランティア養成が3年経過したことを受けて、到達点と問題点を会館の実態に即して検討するボランティア検討委員会が設置され、1982年（昭和57年）に資料3の中間報告がまとめられました。この検討委員会には、名古屋市婦人会館ボランティアビューロー協議会の会長として野村文枝さんもメンバーになっています。中間報告では、婦人会館が事業と運営を前進させるうえで構成部分の一つとして、名古屋市婦人会館ボランティアビューロー協議会を明確に位置付けていくこと。名古屋市婦人会館ボランティアビューロー協議会が名実ともに自立した団体に発展することの方向性が示されていました。この中間報告には、野村さんの自筆によるたくさんの書き込みがあり、その書き込み内容も見逃せません。

（資料3）名古屋市婦人会館におけるボランティア活動のあり方について（中間報告）　1982年（昭和57年）6月16日　1p・6p～12p／12p　（資料No938）

【資料4の解説】
名古屋市婦人会館ボランティアビューロー協議会は、行政にもの言う自立した団体として活動していたものの、「社会福祉協議会への提言書」をきっかけに外部からは自立した団体と見なされなかったことを痛感しました。そこで「名古屋市婦人会館ボランティアビューロー協議会」は、資料4にあるように、自立していく過程を「団体化」という言葉を使って、自らをふりかえり分析していきました。自らの規約と自立的な団体の規約を比較し、自立的な団体と見なされなかった問題点を明確にしました。また、なぜ行政のお抱えボランティアという性格を残したままであったか。その過程も明確にして、これからのあり方について提案していきました。そして、そもそも、なぜ自立しなければならないかも、ボランティアの社会的な位置づけから意見が出されています。さらには、ボランティア活動が市民生活全体に関わる活動に発展するためには、専門化・分野化したグループが連携しなければならないことも意見として出されています。

(資料4) 婦人会館ボランティアビューロー協議会の"団体化"についての話し合い資料 1982年(昭和57年) 7月19日 全文 (資料No956)

【資料5の解説】

「名古屋市婦人会館ボランティアビューロー協議会」は、その後協議を重ねて1982年(昭和57年) 8月に発展的に解散しました。そして、同年9月に「なごや婦人ボランティア協議会」の結成総会を開き、名古屋婦人会館ボランティアビューロー協議会の事業を引き継ぎ、名実ともに自立した団体として再出発をしました。資料5の結成総会報告の資料あるように、19のグループが参加する連合的な組織というものの、いちボランティアグループの結成総会に、愛知県社会福祉協議会や名古屋市社会福祉協議会、名古屋市などから12名の来賓の参加があることを見ると、行政や社会福祉協議会にとって、その存在価値の大きさが伺われます。

(資料5) 結成総会報告 なごや婦人ボランティア協議会 1982年9月27日 全文 (資料No9421)

【資料6の解説】

101ページの「紆余曲折で整備された情報の拠点・ボランティア情報コーナーから名古屋市市民活動推進センターへ」で書いていた名古屋市長や市の幹部と「名古屋婦人ボランティア協議会」が「市政懇談会」において、話し合われた記録です。「名古屋婦人ボランティア協議会」が名古屋市に対して「ボランティアのたまり場」の設置を要望し、名古屋市側が「全区にはいかなくとも市に1ヶ所ぐらい、そういったものはいる。という感じを持ちましたので、検討させていただきます」と回答しています。結局は13年もたってから「名古屋ボランティア情報センター」が設置されましたが、他の資料と合わせてみても、この時の働きかけによって実現したものいうことが分かります。そして何よりも、記録からは参加した20名のメンバーそれぞれが、しっかりとした意見を持って発言していることからも、分野を超えた人たちの連帯した民主的な組織運営であったことも窺えます。

(資料6) 市政懇談会記録＝婦人ボランティア活動を考える＝ 1984年(昭和59年) 12月6日 表1・表2・9p ～ 14p/27p (資料No799)

【資料7の解説】

津の子ども会裁判をはじめとする無償のボランティア活動であっても、責任が社会的に問われた判例もあり、資料7の「ボランティアの社会的責任を考える」研修会を開いています。この研修会では、どんな責任が問われるかということを知ることが目的ではなく、責任を持ったボランティア活動を行うにはどうするべきかを学習し、活動を深めることを主眼にしていることが伺われます。

※「津子供会訴訟」とは、1976年(昭和51年)子ども会の行事で死亡事故が起こり、引率者が検察庁より過失致死で起訴され、昭和54年津簡裁有罪、控訴後の昭和59年名古屋高裁無罪確定。民事の判決では、昭和58年津簡裁で、引率者役員3名に526万余の損害賠償責任(過失相殺割合8割)が問われた。

(資料7) ボランティア研修会 ボランティアの社会的責任を考える (昭和56年) 2月24日 1p ～ 4p/36p (資料No934)

【資料8の解説】

「名古屋婦人ボランティア協議会」では、さまざまな研修会を開いていました。資料を見ていくと海外の事例も調査し研究していることが分かる資料などもありました。資料8では、日本国内の先進事例に学ぶために、山梨県ボランティア協会の事務局次長をお呼びして、真摯に学ぶ姿が見て取れます。

(資料8) ボランティア公開研修会 テーマ ボランティア活動のめざすもの ―山梨県ボランティア協会の活動に学ぶ― 1986年(昭和61年) 2月6日 1p ～ 2p/18p (資料No 722)

* (資料№～) は、名古屋市社会福祉協議会に保管されている野村文枝さんの資料の通し番号です。

この本は、クラウドファンディングサイト「ジャパンギビング」で制作費の一部を募りました。支援してくださった方々のお名前を記します。

青木 俊克
五十嵐 美代子
五十川 有希子
伊藤 幸慶
内田 隆
梅澤 耕一
小野田 都
小野地 光弘
金田 学
川合 信嘉
河内 かをる
神田すみれ
木村 仁志
久野 美奈子
小林 陽
ごっちん
鈴木 雄介
瀬川 伸生
高橋 健輔
龍田 成人
筒井 隆
椿 佳代
土井 佳彦
戸村 京子
中尾 さゆり
中島 義則
仲田 法子
中谷 利顕
原 彰秀
原 明日香
疋田 恵子
樋口 裕嗣
廣田 善吾
藤谷 マルミ
星野 博
堀 圭美
三輪 昭子
毛受 芳高
山城 敬一
山崎 恵美子
A.Y.
M.K.
S. ABE
TA
Tauyoshi MATSUOKA
Y
Y・A
Y.F
匿名4名

上記の皆さま以外にもたくさんの方からご支援、ご協力をいただきました。心より感謝いたします。

なごやのボランティア史　編纂委員プロフィール（50音順）

岡 久美子（おか・くみこ）
1949年、名古屋市生まれ。子ども・女性・高齢者の問題解決をテーマに活動し、日本福祉大学などの非常勤講師を2020年3月まで務める。シニアライフ研究所りあもでんな代表、エンドオブライフ・ケア（ELC）協会認定ファシリテーター、ELC東海事務局など。

織田 元樹（おだ・もとき）
1961年、静岡県藤枝市生まれ。民間企業や公務員を経て1999年に仕事の傍らNPO法人ボラみみより情報局を設立、代表を務め2004年から専従となる。愛知県、名古屋市、愛知県社会福祉協議会、名古屋市社会福祉協議会の委員会・懇談会委員など就任。

陸川 ようこ（くがわ・ようこ）
1980年、名古屋市生まれ。学生時代から手話などのボランティア活動に参加。2003年に名古屋市社協に入職し、緑区社協勤務を経て2012年からボランティアセンター主事。

佐原 恵津子（さはら・えつこ）
1977年、和歌山市生まれ。学生の頃は福祉施設、社会人になってからは外国ルーツの子どもたちのための学校でボランティア活動に参加。2011年からボラみみより情報局の事務局。

澤野 千夏（さわの・ちなつ）
1982年、愛知県生まれ。2005年に名古屋市社協に入職し、北区社協に勤務。その後、全社協への出向などを経て2019年4月から昭和区西部いきいき支援センター（地域包括支援センター）。

柴田 学（しばた・まなぶ）
1984年、徳島県生まれ。関西学院大学実習助手、川崎医療福祉大学助教、金城学院大学専任講師を経て2018年から金城学院大学准教授。コープあいち理事も務める。専門は社会起業、コミュニティワーク論、社会福祉学。

関口 威人（せきぐち・たけと）
1973年、横浜市生まれ。中日新聞記者を経てフリーのジャーナリスト・編集者に。環境問題や災害取材などを通してNPO、ボランティアの世界に関わる。2018年から一般社団法人なごやメディア研究会代表理事。

中村 弘佳(なかむら・ひろよし)
1957年、名古屋市生まれ。1981年に名古屋市社協に入職し、地域福祉の推進、ボランティア活動の推進などを担当。2018年から愛知淑徳大学福祉貢献学部福祉貢献学科准教授。

野川 祐史（のがわ・ゆうじ）
1975年、名古屋市生まれ。2000年に名古屋市社協に入職しボランティアセンターに勤務。その後、緑区社協、熱田区いきいき支援センター勤務などを経て2019年4月からボランティアセンター副所長。

野村 文枝（のむら・ふみえ）
1925年、金沢市生まれ。1951年に夫の仕事の都合で名古屋に移住。子育てを終えた後、市の講座で社会福祉を学んだのをきっかけに地域福祉や高齢者問題のボランティアを始める。本書の編纂委員に就任後の2018年に永眠。

水野 真由美（みずの・まゆみ）
1965年、名古屋市生まれ。子育て支援や中間支援のNPOに勤務後、フリーランスとしてNPO活動・支援を行っている。地域子育て支援士二種資格認定登録、日本ファンドレイジング協会准認定ファンドレーザー。ボラみみより情報局理事。

渡辺 勉（わたなべ・つとむ）
1956年、大阪市生まれ。日本福祉大学へ入学後、ボランティア活動を始める。1980年にボランティアサークル夢喰人（ばくじん）を立ち上げ、愛知県ボランティア集会の立ち上げなどにも関わる。2009年からNPO法人チャイルドラインあいち理事。

カバーイラスト◎荻下　丈

装幀デザイン◎澤口　環

なごやボランティア物語

2020年5月20日　第1刷発行

（定価はカバーに表示してあります）

編著者　なごやのボランティア史編纂委員会

発行者　山口　　章

発行所　名古屋市中区大須1丁目16-29　風媒社
振替 00880-5-5616 電話 052-218-7808
http://www.fubaisha.com/

乱丁本・落丁本はお取り替えいたします。　＊印刷・製本／モリモト印刷

ISBN978-4-8331-1557-5